発達障害のある方と働くための教科書

石井京子／池嶋貫二／林 哲也
大滝岳光／馬場実智代 [著]

日本法令®

はじめに

　発達障害者支援法の施行（2005年）から13年、医療、教育、福祉の分野では発達障害についての理解が大きく広がり、大学でも発達障害のある学生への就学・就労支援が始まっています。2018年4月から、法定雇用率が引き上げられますが、障害者の就職件数は毎年右肩上がりの伸びが続き、障害者雇用枠で就職する発達障害者が増えています。障害を開示して就職することで、配慮や支援が得られやすく、定着率も高まっています。

　一方で、本人も周囲も長年気付かず、働き始めてからさまざまな場面で障害特性からの苦手さを感じ、発達障害の傾向が判明する人もいます。仕事上でうまくいかないことや、何か不都合なことがあるとはわかっていても、自分の何が至らないのか、自身で気付くことは非常に難しいことです。

　本書では、企業の人事・採用担当者、そして発達障害のある方と一緒に働く方々に知っておいていただきたい、発達障害に関する知識、コミュニケーションと雇用管理のポイントを解説しています。発達障害の診断や労務管理に関しては、主治医・産業医、社会保険労務士の方々による専門家の視点で解説していただきました。職場での悩みや困り事の事例はＱ＆Ａ形式で、発達障害のある方への適切な対応方法を紹介しています。
　発達障害のある方の不安や行動の背景を知り、いち早く対応ができることで良好な職場環境を構築することができます。企業に求められる合理的配慮の提供と、発達障害のある方への適切な対応を考える際の教科書として活用していただければと思います。

　発達障害のある方々と一緒に働くことで多様な価値観が生まれ、発達障害のある方々が働きやすい環境を整備することで、誰もが働きやすい職場環境の実現へとつながることを願っております。
　本書の刊行にあたり、各解説をご執筆いただいた専門家の皆様に心より感謝を申し上げます。

石井　京子

第1章　発達障害とは

1 発達障害の捉え方　─定義をめぐる混乱 …… 2
1. 発達障害者支援法による発達障害の定義 …… 5
2. ICD-10による発達障害の定義 …… 10
3. 精神疾患の診断と統計のマニュアル (DSM) による発達障害の定義 …… 14
4. その他による発達障害の定義・説明 …… 15
5. 診断基準・定義の混乱＝発達障害の線引きの難しさ …… 22

2 発達障害への対応法 …… 26
1. 病識について …… 26
2. 自己中心的な思考について …… 28
3. 想像力の問題について …… 30
4. 器用さの問題について …… 31
5. 注意力の問題について …… 33
6. 行動上の問題について …… 34
7. コミュニケーションの問題について …… 35
8. 社会性の問題について …… 38

3 主治医の視点から　─特に治療上の問題について …… 49
①発達障害者の症状（特性）について　39

②診断について　39

③薬物療法について　39

④精神療法（心理療法）について　40

⑤心理教育について　40

⑥環境調整について　41

⑦特性への理解について　41

CONTENTS

4 産業医の視点から ―労働安全衛生上の問題 ……… 42

5 医師の視点から ―就労上の留意点 …………………… 45

第2章　障害者雇用における発達障害者雇用

1 法令遵守から戦力化へ ………………………………… 52

2 障害者雇用促進法の改正 ……………………………… 54

3 障害者雇用納付金制度 ………………………………… 60

　　⟦1⟧【納付】障害者雇用納付金 ………………………… 60

　　⟦2⟧【支給】障害者雇用調整金、障害者雇用報奨金 ……… 61

　　⟦3⟧ 特定求職者雇用開発助成金 ………………………… 62

4 手帳の種類 ……………………………………………… 63

　　⟦1⟧ 療育手帳 ………………………………………………… 63

　　⟦2⟧ 精神障害者保健福祉手帳 ……………………………… 63

　　⟦3⟧ 支援の対象 ……………………………………………… 64

5 障害者差別の禁止 ……………………………………… 65

6 合理的配慮の提供義務 ………………………………… 66

7 合理的配慮の提供の流れ ……………………………… 68

　　①配慮を必要としている障害者の把握・確認　68

　　②必要な配慮に関する話合い　68

　　③合理的配慮の確定　　68

　　④職場内での意識啓発・説明　68

　　⟦1⟧ 合理的配慮の例 ………………………………………… 69

　　⟦2⟧ 募集・採用時の合理的配慮 …………………………… 70

　　⟦3⟧ 採用後の合理的配慮の例 ……………………………… 71

III

もくじ

①業務指導や相談　71

②業務指示やスケジュール　71

③マニュアル　72

④出退勤時刻・休憩・休息　73

⑤通院・休暇　74

⑥感覚過敏への対応　75

⑦感覚過敏等に配慮した配置　75

4 プライバシーへの配慮 ……………………………………76

8 社内での障害者雇用の取組みにあたって ………78

9 現場での受け入れ …………………………………………79

1 障害の把握と共有 …………………………………………79

2 担当者の選定とサポートの留意点 ……………………80

3 業務指示の留意点 …………………………………………81

4 作業の見通し ………………………………………………81

5 優先順位の指示 ……………………………………………82

6 進捗状況を確認する機会の設定 ………………………83

7 事前予告の必要性 …………………………………………83

8 個別面談とその効果 ………………………………………84

9 就業定着 ……………………………………………………85

10 外部支援機関の活用 ……………………………………88

第3章　コミュニケーションと雇用管理のポイント

1 コミュニケーションにおける留意点 ………………92

1 あいまいな指示 ……………………………………………92

CONTENTS

2 明確で具体的な指示 ································· 96

3 口頭だけではない適切な方法で ····················· 97

4 社内のルール、暗黙のルール ······················ 98

5 注意するときの留意点 ··························· 98

6 対人関係 ································· 99

2 その他の発達障害の特徴 ························101

1 相貌失認 ································101

2 空気を読めない ···························101

3 建前と本音に苦しむ ························102

4 正直であること ···························103

5 体力への影響 ·····························104

6 ストレスに弱い ···························104

7 自分と他人の区別 ·························105

8 人事情報の取扱い ·························106

9 仕事以外のコミュニケーション ···················107

3 管理者としての対応 ···························108

1 管理者の役割 ·····························108

2 障害の把握と共有 ·························108

3 担当者の選定とサポートの留意点 ··················110

4 発達障害のある部下の育成・指導 ··················111

5 面談の重要性 ·····························112

6 面談で留意すべきこと ·························112

7 上司との関係 ·····························113

8 疎外感を感じさせない職場づくり ··················114

9 障害のある社員の職場定着による効果 ···············115

コラム
雇用分野における障害者差別と障害者虐待 ……………… 116

第4章　発達障害者雇用のQ＆A

1 日常業務での対応 …………………………………………126

Q1 126　毎日の作業で平均的な一人分の量を用意していますが、他の社員の作業の半分の時間で終えてしまいます。先に作業を終えてしまうので、手すきの時間をうまく過ごせないようですが、どのように対応したらよいでしょうか？

Q2 127　仕事上のミスや忘れてしまうことが非常に多い社員がいます。発達障害と思われるのですが、診断を受けてもらうには、どのようにすればよいでしょうか？

Q3 131　いくら注意しても机の上が片付けられません。

Q4 134　就業時間中にインターネットばかり見ています。どのように注意すればよいでしょうか？

Q5 135　仕事中の携帯電話（個人所有物）の使用が目立つようになりました。就業中には使用しないというルールが必要だと思います。

Q6 138　発達障害のある社員の話が長く、個人面談が予定していた時間で終わりません。プライベートなことについても延々と話し続けるので困っています。

Q7 139　雑用をやりたがらないことがあります。どのように対応すればよいでしょうか？

Q8 140　発達障害のある社員が指示命令と異なる勝手な解釈で仕事を進め、ルールも守らず周囲に迷惑をかけ、秩序を乱しています。何度注意しても改善する様子がありません。どうすればよいでしょうか？

CONTENTS

Q9 パニックになってしまったら、どのように対応すればよいです
142 か？

Q10 昼休みをいつも一人で過ごしています。ランチに誘わなくてよ
143 いでしょうか？

Q11 飲み会に誘ってもよいでしょうか？
144

2 採用と配属での対応 ……………………………………146

Q12 障害者を募集する場合にはどのような方法がありますか？
146

Q13 採用は支援機関からの推薦者のみを対象とするのでしょうか？
149 広く募集し数多くの候補者を募るべきでしょうか？

Q14 採用の判断となる見極めとして、どのようなポイントがあるで
151 しょうか？

Q15 どんな業務に適性があるかわからないので、複数部署を巡るよ
157 うな配置転換をさせる予定ですが、問題ないでしょうか？

Q16 採用した人の障害について、社内のどの範囲まで開示しておけ
159 ばよいでしょうか？

Q17 初めて発達障害のある社員を受け入れます。部署内の社員にど
161 のように接するよう説明すればよいでしょうか？

Q18 仕事以外での職場生活について、周囲から「どのように接すれ
163 ばよいかわからない」との声がありました。どのように伝えれ
ばよいでしょうか？

Q19 配属先の上司には、どのような対応をするように伝えればよい
164 でしょうか？　上司が発達障害のある社員を管理指導するため
には、何を意識しておくべきでしょうか？

Q20 発達障害のある社員を管理する社員（管理職）から、「一人で
166 は面倒見ている余裕がない」と対応を求められました。どのよ
うな支援体制を作ればよいでしょうか？

VII

- **Q21** 採用時に本人から申出のあった配慮事項以外にも、配慮すべき点がありそうですが、本人からの申告がない場合はどうすればよいでしょうか？
  168
- **Q22** 合理的配慮の「合理的」、過重な負担の「過重」がわかりにくいです。
  169
- **Q23** 外部の公的支援機関にはどこまでサポートしてもらえるのでしょうか？ 企業から見た位置付けや関係の持ち方がわかりません。
  172

3 安全衛生、その他 …………………………………………174

- **Q24** 発達障害のある社員の言動や振る舞いがストレスになり、指導にあたっていた社員がメンタル疾患を患いました。このような場合、企業の責任はどこまで問われるのでしょうか？
  174
- **Q25** 発達障害があり、メンタル疾患を発症して1年程休職している社員から復職したいと申出がありました。復職のための条件をどのように設定すればよいでしょうか？
  175
- **Q26** 発達障害のある社員が、職場で虐待行為を受けたと虐待・通報窓口に通報しました。監督機関からの問合せや立入り検査などが予想されるのですが、今後どのように対処すればよいのでしょうか？
  177
- **Q27** 以前から居住地の近隣とトラブルがあり、苦情が出ていたようで、とうとう職場にまでクレームの連絡が入るようになりました。今後どのように対処すればよいでしょうか？
  180
- **Q28** 金銭管理ができないようで、多額の借金を抱えているようです。今後、業務遂行や勤怠に影響が出るかもしれません。どのように指導していけばよいでしょうか？
  181
- **Q29** 一般枠で採用した発達障害の傾向があると思われる社員が、上司不在時に職場の中で愚痴や悪口を言い回るようになりました。他の職員と同様の仕事に就いていますが、「指示がわかりにくい」とか「マニュアルがない」など上司や仕事への不満を口にしているようです。どうすればよいでしょうか？
  183

CONTENTS

第5章　採用・労務管理における悩ましいケースへの対応

Q1
187
社員募集において、その言動から発達障害であると思われる人が応募してきました。採用面接時に、発達障害であるか尋ねることはできますか？

Q2
190
社員募集において、発達障害者であると思われる人が応募してきました。採用面接そのものを拒否することができますか？

Q3
191
社員募集において、障害者福祉手帳を所持している発達障害者からの応募がありました。発達障害者であることを理由に採用面接を拒否したり、採用そのものを拒否したりすることはできますか？

Q4
194
発達障害と思しき特性を持っていそうな社員がおり、周囲とも軋轢があるようです。業務上の配慮を受けやすくするため、医師の診断を受けてもらい発達障害に該当するならばその申告をしてほしいのですが、どのようにアプローチすればよいでしょうか？

Q5
202
社員が発達障害であるとの診断を受けた旨を申し出て、数多くの配慮事項を提示してきました。すべてに対応しないといけないでしょうか？

Q6
205
発達障害者である社員についてできる限りの指導・教育も行ってきましたが就業上のトラブルは改善されず、当社ではこの社員の活用は難しいと考えています。また、最近周囲との軋轢もあり、本人から「配慮が足りない」と不満が出るようになりました。解雇も検討したほうがよいでしょうか？

Q7
207
うつ病で休職中の社員から、「発達障害の診断を受け、精神保健福祉手帳の交付を受けた」と連絡がありました。業務内容から休職前の職場への復帰は難しいとして、簡単な事務業務への配置転換を求めています。会社としてその社員のすべての希望に応じなければならないでしょうか？

IX

> **Q8**
> 209

勤続年数は長いのですが、何をやらせてもできない社員がいます。前回異動した職場になじめず落ち込んでいる様子であったため、産業医面談を行いました。その結果、発達障害の可能性があるかもしれないということでしたので、専門医を受診させたところ、発達障害と診断されました。本人は、発達障害の診断結果を理由に定型業務を希望しています。
発達障害であることを職場で開示して障害に対する配慮を行うと告げたところ、障害の開示は絶対に嫌だと言っています。業務内容の変更やその他の特別な対応を行うためには、障害を開示しなければ周囲の理解を得ることはできません。障害を開示せずに配慮だけ提供しなければならないでしょうか？

第6章　就業している人の相談窓口

◎ 就業している人の相談窓口 ……………………………………214
　① 精神科デイケア ………………………………………………215
　② 復職支援 ………………………………………………………216
　③ 就労移行支援事業所 …………………………………………217
　④ 発達障害者支援センター ……………………………………217
　⑤ 障害者職業センター …………………………………………218
　⑥ 定着支援（採用後のフォローアップ） ……………………218
　⑦ 外部支援の活用 ………………………………………………219

第 1 章

発達障害とは

1 発達障害の捉え方 —定義をめぐる混乱

　「発達障害」という用語が広く一般の方に認識されるようになり10年以上が経過しました。1988年（昭和63年）以前には精神薄弱と呼ばれ、福祉の対象者として一括りにされていた人々が、長い紆余曲折を経て、社会の中で活躍できる人々だと認められたように筆者（林）には感じられます。

　しかし、発達障害という専門用語が、どのような状態の人々を対象として定義されているかと問われても、後述する診断基準において「発達障害」という診断名はなく、定義や分類も複数存在しているため、一言で言い表して回答することはできません。また、発達障害の原因や病態に関する論争とその変遷が物語っているように、その状態像は個人により大きく異なり、定型発達との違いが簡単に判断できない場合も多く、正常と異常との境界線を引くことは非常に難しいといえます。

　そのため、発達障害の定義や診断基準が一般の方に適確に周知されておらず、各人の思い描く状態像にはばらつきが大きいのが実情です。そこで本稿では、まずこの点について整理したいと思います。

　まず、ご覧いただきたいのが図表1です。

　我が国において法律上、発達障害を定義した発達障害者支援法（とその政省令）を基準にみると、いわゆる大人の発達障害として大学・専門学校や職域において問題が表面化し対処に苦慮している「自閉症、アスペルガー症候群その他の広汎性発達障害」（PDD）（あるいは自閉症スペクトラム障害（ASD））、「学習障害」（LD）、「注意欠陥多動

■ 図表1　発達障害の定義をめぐる混乱

発達障害者支援法
　→発達障害者支援法施行令
　　→発達障害者支援法施行規則
　　　○心理的発達の障害ICD-10のF80〜F89　定義有り
　　　○行動及び情緒の障害ICD-10のF80〜F89　定義有り
　　　ただし、
　　　　●自閉症、アスペルガー症候群その他の広汎性発達障害
　　　　　（PDD(ASD)）
　　　　●学習障害（LD）
　　　　●注意欠陥多動性障害（ADHD）
　　　　●言語の障害
　　　　●協調運動の障害
　　　がICD-10に準拠しないように解釈できてしまう。

ICD-10（疾病及び関連保健問題の国際統計分類：第10回修正）
WHOが作成。

厚生労働省「みんなのメンタルヘルスサイト」「発達障害の理解のために」
　表現はDSM-5にやや偏る。発達障害者支援法での対象疾患を網羅するものではない。

ズレがある

「発達障害を理解する」
　国立障害者リハビリテーションセンター（所管：厚生労働省）が作成。

DSM-5（精神疾患の診断と統計のマニュアル：第5版）
　アメリカ精神医学会が作成。自閉症スペクトラムの概念を導入。

ズレがある

文部科学省の定義
　文部科学省が作成。

ICD-11（疾病及び関連保健問題の国際統計分類：第11版）
　数年内にWHOにて採択予定。
　DSM-5との整合性が図られ、発達障害の定義に関する混乱が解決か。

第1章　発達障害とは　　3

性障害」（ADHD）の定義が条文に明示されていません。

　これらの定義が何に準拠しているかを知るには施行規則まで参照する必要があり、そこで初めてICD-10（後述）に準拠していることがわかります。

　しかし、ICD-10において注意欠陥多動性障害（ADHD）は多動性障害としか定義されておらず、また後述するようにICD-10と現行のDSM-5では、発達障害の定義に違いが生じています。さらに、厚生労働省と文部科学省の定義も、その対象とする集団が異なるため、表現も含め異なっているのです。このような状況のために、インターネットで発達障害に関するサイトを検索しても、サイトにより発達障害についての定義や説明が異なる事態となっており、一般の方の理解を難しくしています。

　本稿では、まずこの混乱について整理してみたいと思います。

1 発達障害者支援法による発達障害の定義

　最初に、発達障害のみを対象とした我が国唯一の法律である「発達障害者支援法」における発達障害の定義を確認します。

　　（定義）
第2条　この法律において「発達障害」とは、自閉症、アスペルガー症候群その他の広汎性発達障害、学習障害、注意欠陥多動性障害その他これに類する脳機能の障害であってその症状が通常低年齢において発現するものとして政令で定めるものをいう。

　　2　この法律において「発達障害者」とは、発達障害がある者であって発達障害及び社会的障壁により日常生活又は社会生活に制限を受けるものをいい、「発達障害児」とは、発達障害者のうち18歳未満のものをいう。

　　3　この法律において「社会的障壁」とは、発達障害がある者にとって日常生活又は社会生活を営む上で障壁となるような社会における事物、制度、慣行、観念その他一切のものをいう。

　　4　この法律において「発達支援」とは、発達障害者に対し、その心理機能の適正な発達を支援し、及び円滑な社会生活を促進するため行う個々の発達障害者の特性に対応した医療的、福祉的及び教育的援助をいう。

　この第2条第1項における政令とは、内閣府による「発達障害者支援法施行令」を指します。

第1章　発達障害とは　　5

●発達障害者支援法施行令

　　内閣は、発達障害者支援法（平成16年法律第167号）第2条第
　1項、第14条第1項及び第25条の規定に基づき、この政令を制
　定する。

　　（発達障害の定義）
　第1条　発達障害者支援法（以下「法」という。）第2条第1項の
　　　　政令で定める障害は、脳機能の障害であってその症状が通常
　　　　低年齢において発現するもののうち、言語の障害、協調運動
　　　　の障害その他厚生労働省令で定める障害とする。
　　（第2条以下省略）

　この条文中の「その他厚生労働省令で定める」とされている省令は、
次の「発達障害者支援法施行規則」を指します。

●発達障害者支援法施行規則

　　発達障害者支援法施行令（平成17年政令第150号）第1条の規
　定に基づき、発達障害者支援法施行規則を次のように定める。

　　発達障害者支援法施行令第1条の厚生労働省令で定める障害は、
　心理的発達の障害並びに行動及び情緒の障害（自閉症、アスペルガ
　ー症候群その他の広汎性発達障害、学習障害、注意欠陥多動性障害、
　言語の障害及び協調運動の障害を除く。）とする。

　また、文部科学省と厚生労働省が共同して発した政令「発達障害者
支援法の施行について」（17文科初第16号　厚生労働省発障第
0401008号　平成17年4月1日）には以下のように記載されてい

ます。

●発達障害者支援法の施行について

　「発達障害者支援法（平成16年法律第167号）」（以下、「法」という。）は平成16年12月10日に公布された。また、本日、法に基づき「発達障害者支援法施行令（平成17年政令第150号）」（以下、「令」という。）が、令に基づき「発達障害者支援法施行規則（平成17年厚生労働省令第81号）」（以下、「規則」という。）が公布され、いずれも本日から施行されるところである。

　法の趣旨及び概要は下記のとおりですので、管下区市町村・教育委員会・関係団体等にその周知徹底を図るとともに、必要な指導、助言又は援助を行い、本法の運用に遺憾のないようにご配意願いたい。

　なお、法の施行に基づいて新たに発出される関係通知については、別途通知することとする。

記

第1　法の趣旨
　発達障害の症状の発現後、できるだけ早期に発達支援を行うことが特に重要であることにかんがみ、発達障害を早期に発見し、発達支援を行うことに関する国及び地方公共団体の責務を明らかにするとともに、学校教育における発達障害者への支援、発達障害者の就労の支援、発達障害者支援センターの指定等について定めることにより、発達障害者の自立及び社会参加に資するようその生活全般にわたる支援を図り、もってその福祉の増進に寄与することを目的とするものであること。（法第1条関係）

第1章　発達障害とは　　7

第2 法の概要

（1）定義について

　「発達障害」の定義については、法第2条第1項において「自閉症、アスペルガー症候群その他の広汎性発達障害、学習障害、注意欠陥多動性障害その他これに類する脳機能の障害であってその症状が通常低年齢において発現するものとして政令で定めるものをいう」とされていること。また、法第2条第1項の政令で定める障害は、令第1条において「脳機能の障害であってその症状が通常低年齢において発現するもののうち、言語の障害、協調運動の障害その他厚生労働省令で定める障害」とされていること。さらに、令第1条の規則で定める障害は、「心理的発達の障害並びに行動及び情緒の障害（自閉症、アスペルガー症候群その他の広汎性発達障害、学習障害、注意欠陥多動性障害、言語の障害及び協調運動の障害を除く。）」とされていること。

　これらの規定により想定される、法の対象となる障害は、脳機能の障害であってその症状が通常低年齢において発現するもののうち、ICD-10（疾病及び関連保健問題の国際統計分類）における「心理的発達の障害（F80-F89）」及び「小児＜児童＞期及び青年期に通常発症する行動及び情緒の障害（F90-F98）」に含まれる障害であること。

　なお、てんかんなどの中枢神経系の疾患、脳外傷や脳血管障害の後遺症が、上記の障害を伴うものである場合においても、法の対象とするものである。（法第2条関係）

　ここまでの流れを簡潔に示したものが**図表2**です。これは2007年3月15日付で文部科学省初等中等教育局特別支援教育課より出された「「発達障害」の用語の使用について」の別添資料です（文部科学省のウェブサイトよりダウンロード可能。 http://www.mext.go.jp/a_menu/shotou/tokubetu/main/002.htm）。

8

■ 図表2 「「発達障害」の用語の使用について」別添資料

発達障害者支援法等で定義された「発達障害」の範囲図

＜発達障害者支援法＞

自閉症、アスペルガー症候群その他の広汎性発達障害

学習障害

注意欠陥多動性障害

その他これに類する脳機能の障害であってその症状が通常低年齢で発現するものとして政令で定めるもの

＜発達障害者支援法施行令（政令）＞

脳機能の障害であって、その症状が通常低年齢で発現するもののうち、

言語の障害

協調運動の障害

その他厚生労働省令で定める障害

＜発達障害者支援法施行規則（厚生労働省令）＞

自閉症、アスペルガー症候群その他の広汎性発達障害、学習障害、

注意欠陥多動性障害、言語の障害及び協調運動の障害を除く、

心理的発達の障害（ICD-10のF80－F89 ※）

行動及び情緒の障害（ICD-10のF90－F98 ※）

※＜文部科学事務次官・厚生労働事務次官通知＞

「法の対象となる障害は、脳機能の障害であってその症状が通常低年齢において発現するもののうち、ICD-10（疾病及び関連保健問題の国際統計分類）における「心理的発達の障害（F80-F89）」及び「小児＜児童＞期及び青年期に通常発症する行動及び情緒の障害（F90-F98）」に含まれる障害であること。なおてんかんなどの中枢神経系の疾患脳外傷や脳血管障害の後遺症が上記の障害を伴うものである場合においても、法の対象とするものである。」

ここまで細かく読んで初めて、この法律における発達障害の定義が
ICD-10（疾病及び関連保健問題の国際統計分類）に準ずるものだと
わかりますが、この**図表2**の表記同様にわかりにくく、明示されてい
る部分だけがICD-10に準拠し、それ以外の「自閉症、アスペルガ
ー症候群その他の広汎性発達障害」「学習障害」「注意欠陥多動性障害」
「言語の障害」「協調運動の障害」は準拠していないように解釈できて
しまいます。**図表2**の下部に記載されている注記が総括しているので
すが、政令まで読まないと正確には理解できないため、法律に慣れて
いない人には非常にわかりづらく、複雑な構造になっているといえま
す。

2 ICD-10 による発達障害の定義

　はじめにICD-10の概要と具体的な内容（定義＝診断基準）を見
てみましょう。「国際疾病分類：ICD」とは、疾病及び関連保健問題
の国際統計分類：International Statistical Classification of
Diseases and Related Health Problemsの略称です。

　厚生労働省のウェブサイト等を見ると、「ICDとは、異なる国や地
域から、異なる時点で集計された死亡や疾病のデータの体系的な記録、
分析、解釈及び比較を行うため、世界保健機関憲章に基づき、世界保
健機関（WHO）が作成した分類である。現在は、1990年にWHO
の第43回世界保健総会において採択された「疾病及び関連保健問題
の国際統計分類第10回修正」(International Statistical
Classification of Diseases and Related Health Problems,
10th Revision（通称ICD-10）が用いられている。」と記載されて
います。実際に日本語訳が出版され、使用が開始されたのはWHO
の勧告に従い1993年からです。

また、2003年と2013年にICD-10のまま改訂勧告が行われて
おり、現在我が国では、ICD-10（2013年版）に準拠した「疾病、
傷害及び死因の統計分類」を作成し、統計法に基づく統計調査に使用
されるほか、医学的分類として医療機関における診療録の管理等に活
用されています（2016年1月1日から適用開始）。

　ICD-10において精神疾患は、「第Ⅴ章　精神及び行動の障害
（F00-F99）」で定義されていますが、専門家に対してはWHO国際
統 計 分 類（WHO Family of International Classifications；
WHO-FIC[*1]）の一つである「国際疾病分類　神経疾患への適用　第
2版」（2001年12月）に記載されている内容を用いるように指示さ
れており、医療現場などで多用されています。

> ＊1　WHO-FICは、WHOが勧告した国際疾病分類（ICD）と国際生活機能
> 分　類（International Classification of Functioning, Disability
> and Health；ICF）を中心とした国際統計分類の集まりです。ICDと
> ICFそして現在開発中の医療行為分類（International Classification
> of Health Interventions；ICHI）を中心として、5つの関連分類と5
> つの派生分類から成っています。詳しく知りたい方は、WHO国際統計
> センターのウェブサイトをご覧ください。http://www.who-fic-
> japan.jp/about.html

　ICD-10において、発達障害は「心理的発達の障害」のみを指しま
すが、発達障害者支援法では「小児および青年期に通常…」の疾患も
含まれますので、ここでは両者の分類を提示しておきます。

第1章　発達障害とは　　11

F80-F89　心理的発達の障害
　F80　会話及び言語の特異的発達障害
　　・F80.0　特異的会話構音障害
　　・F80.1　表出性言語障害
　　・F80.2　受容性言語障害
　　・F80.3　てんかんを伴う後天性失語（症）［ランドウ・クレフナー
　　　　　　　症候群］
　　・F80.8　その他の会話及び言語の発達障害
　　・F80.9　会話及び言語の発達障害、詳細不明
　F81　学習能力の特異的発達障害
　　・F81.0　特異的読字障害
　　・F81.1　特異的書字障害
　　・F81.2　算数能力の特異的障害
　　・F81.3　学習能力の混合性障害
　　・F81.8　その他の学習能力発達障害
　　・F81.9　学習能力発達障害、詳細不明
　F82　運動機能の特異的発達障害
　F83　混合性特異的発達障害
　F84　広汎性発達障害
　　・F84.0　自閉症
　　・F84.1　非定型自閉症
　　・F84.2　レット症候群
　　・F84.3　その他の小児＜児童＞期崩壊性障害
　　・F84.4　知的障害〈精神遅滞〉と常同運動に関連した過動性障害
　　・F84.5　アスペルガー症候群
　　・F84.8　その他の広汎性発達障害
　　・F84.9　広汎性発達障害、詳細不明
　F88　その他の心理的発達障害
　F89　詳細不明の心理的発達障害
F90-F98　小児＜児童＞期及び青年期に通常発症する行動及び情緒の障害
　F90　多動性障害
　　・F90.0　活動性及び注意の障害
　　・F90.1　多動性行為障害
　　・F90.8　その他の多動性障害
　　・F90.9　多動性障害、詳細不明
　F91　行為障害
　　・F91.0　家庭限局性行為障害
　　・F91.1　非社会化型＜グループ化されない＞行為障害
　　・F91.2　社会化型＜グループ化された＞行為障害
　　・F91.3　反抗挑戦性障害

- F91.8 その他の行為障害
- F91.9 行為障害、詳細不明

F92 行為及び情緒の混合性障害
- F92.0 抑うつ性行為障害
- F92.8 その他の行為及び情緒の混合性障害
- F92.9 行為及び情緒の混合性障害、詳細不明

F93 小児＜児童＞期に特異的に発症する情緒障害
- F93.0 小児＜児童＞期の分離不安障害
- F93.1 小児＜児童＞期の恐怖症性不安障害
- F93.2 小児＜児童＞期の社交不安障害
- F93.3 同胞抗争障害
- F93.8 その他の小児＜児童＞期の情緒障害
- F93.9 小児＜児童＞期の情緒障害、詳細不明

F94 小児＜児童＞期及び青年期に特異的に発症する社会的機能の障害
- F94.0 選択（性）かん＜緘＞黙
- F94.1 小児＜児童＞期の反応性愛着障害
- F94.2 小児＜児童＞期の脱抑制性愛着障害
- F94.8 その他の小児＜児童＞期の社会的機能の障害
- F94.9 小児＜児童＞期の社会的機能の障害、詳細不明

F95 チック障害
- F95.0 一過性チック障害
- F95.1 慢性運動性又は音声性チック障害
- F95.2 音声性及び多発運動性の両者を含むチック障害［ドゥラ トゥーレット症候群]
- F95.8 その他のチック障害
- F95.9 チック障害、詳細不明

F98 小児＜児童＞期及び青年期に通常発症するその他の行動及び情緒の障害
- F98.0 非器質性遺尿（症）
- F98.1 非器質性遺糞（症）
- F98.2 乳幼児期及び小児＜児童＞期の哺育障害
- F98.3 乳幼児期及び小児＜児童＞期の異食（症）
- F98.4 常同性運動障害
- F98.5 吃音症
- F98.6 早口＜乱雑＞言語症
- F98.8 小児＜児童＞期及び青年期に通常発症するその他の明示された行動及び情緒の障害
- F98.9 小児＜児童＞期及び青年期に通常発症する詳細不明の行動及び情緒の障害

(ICD－10（抄）、文部科学省サイトより)

発達障害者支援法における発達障害の定義がICD-10に準拠して
いるにもかかわらず、なぜ現在の混沌とした状況があるのでしょうか？
その一つの理由が、次の『精神疾患の診断と統計のマニュアル』
（DSM）にあります。

③ 精神疾患の診断と統計のマニュアル（DSM）による発達障害の定義

　アメリカ精神医学会（American Psychiatry Association;
APA）が作成している『精神疾患の診断と統計のマニュアル』
（Diagnostic and Statistical Manual for Mental Disorders;
DSM）という精神疾患の分類があります。この分類は1943年（昭
和18年）に最初に作成され、操作的診断基準を導入した第3版
（DSM-Ⅲ）（1980年（昭和55年））から世界的に脚光を浴びるよ
うになりました。

　操作的診断とは、精神疾患を「症状の集まり（症候群）」としてグ
ループ分けし、複数の症状がどのような組み合わせでそろっているか
の違いによって分類し、診断し分けるという方法で、それまで伝統的
に行われてきた「症状」「家族歴」「生育歴」「生活歴」「教育歴」「病
前性格」「発病状況」「経過」などを判断材料に加え診断制度を上げる
努力を（ある意味）放棄したといわれています（その良否については
今なお議論が続いていますので、ここでは割愛します）。

　現在は2013年に『精神疾患の診断と統計のマニュアル』第5版
（DSM-5）が作成され、日本語版は2015年に出版されています。
DSM-5では、前版のDSM-Ⅳから、いくつかの大きな改訂が行わ
れており、発達障害は「神経発達症群／神経発達障害群」という呼称
となり、ICD-10の分類を一歩進めた内容になりました。

ICD-10とDSM-Ⅳの分類は近似していましたが、DSM-5への改訂により、両者に違いが生じてしまい、それが発達障害の定義をわかりづらくしてしまっています。

4　その他による発達障害の定義・説明

　もう一つの理由として、厚生労働省と文部科学省の定義が違うことが挙げられます。まず、厚生労働省の「みんなのメンタルヘルス」のサイトで発達障害の定義を見てみます。

○生まれつきの特性で、「病気」とは異なります

　発達障害はいくつかのタイプに分類されており、自閉症、アスペルガー症候群、注意欠如・多動性障害（ADHD）、学習障害、チック障害などが含まれます。

　これらは、生まれつき脳の一部の機能に障害があるという点が共通しています。同じ人に、いくつかのタイプの発達障害があることも珍しくなく、そのため、同じ障害がある人同士でもまったく似ていないように見えることがあります。個人差がとても大きいという点が、「発達障害」の特徴といえるかもしれません。

○自閉症スペクトラム障害とは

　現在の国際的診断基準の診断カテゴリーである広汎性発達障害（PDD）とほぼ同じ群を指しており、自閉症、アスペルガー症候群、そのほかの広汎性発達障害が含まれます。症状の強さに従って、いくつかの診断名に分類されますが、本質的には同じ1つの障害単位だと考えられています（スペクトラムとは「連続体」の意味です）。典型的には、相互的な対人関係の障害、コミュニケーションの障害、興味や行動の偏り（こだわり）の3つの特徴が現れます。

第1章　発達障害とは　15

自閉症スペクトラム障害の人は、最近では約100人に1～2人存在すると報告されています。男性は女性より数倍多く、一家族に何人か存在することもあります。

○注意欠如・多動性障害（ADHD）とは
　発達年齢に見合わない多動－衝動性、あるいは不注意、またはその両方の症状が、7歳までに現れます。学童期の子どもには3～7％存在し、男性は女性より数倍多いと報告されています。男性の有病率は青年期には低くなりますが、女性の有病率は年齢を重ねても変化しないと報告されています。

○学習障害（LD）とは
　全般的な知的発達には問題がないのに、読む、書く、計算するなど特定の事柄のみがとりわけ難しい状態をいいます。有病率は、確認の方法にもよりますが2～10％と見積もられており、読みの困難については、男性が女性より数倍多いと報告されています。

＊2　「みんなのメンタルヘルス」サイトには、発達障害発達障害のサイン・症状と治療について、そして他の精神疾患についても掲載されていますので、ぜひ参考にして活用してください。

　この分類をわかりやすくした図が厚生労働省の政策レポート「発達障害の理解のために」に示されており（http://www.mhlw.go.jp/seisaku/17.html）、書籍等で多数引用されています（**図表3**）。

■ 図表3　発達障害の理解のために（厚生労働省）

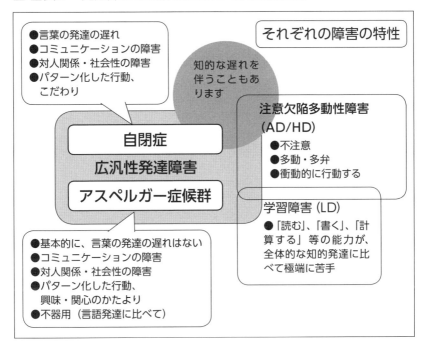

　しかし、この記述はICD-10よりもDSM-5に偏った表現が多いように感じられますし、特性であって病気とは異なると言い切っている点がやや引っかかります。また、既に述べたように、発達障害者支援法で対象としている疾患を網羅していませんので、専門家以外の人が混乱してしまう可能性があります。

　また、厚生労働省所管の国立障害者リハビリテーションセンターがネット上に公開している「発達障害を理解する」の各障害の定義を紹介します。この内容は、先述の定義に比べ、ICD-10の定義に沿った内容となっています。

ここでは、発達障害者支援法に定義されている各障害について、診断名や症状を解説します。

　広汎性発達障害（PDD：pervasive developmental disorders）とは、自閉症、アスペルガー症候群のほか、レット障害、小児期崩壊性障害、特定不能の広汎性発達障害をふくむ総称です。

自閉症とは

　自閉症は、次の３つの特徴をもつ障害で、３歳までには何らかの症状がみられます。

（１）対人関係の障害

（２）コミュニケーションの障害

（３）限定した常同的な興味、行動および活動

　最近では、症状が軽くても自閉症と同質の障害のある場合、自閉症スペクトラムと呼ばれることがあります（スペクトラムとは「連続体」の意味）。

アスペルガー症候群とは

　対人関係の障害があり、限定した常同的な興味、行動および活動をするという特徴は、自閉症と共通した障害です。アスペルガー症候群（Asperger syndrome）は、明らかな認知の発達、言語発達の遅れを伴いません。

学習障害とは

　学習障害はLDと略されることもあり、Learning Disordersまたは Learning Disabilitiesの略語とされています。全般的な知的発達に遅れはないのに、読む、書く、計算するなどの特定の能力を学んだり、おこなったりすることに著しい困難がある状態をいいます。

注意欠陥多動性障害（AD／HD）とは

注意欠陥多動性障害（AD／HD：Attention-Deficit/Hyperactivity Disorder）は、ADHDと表記されることもあります。注意持続の欠如もしくは、その子どもの年齢や発達レベルに見合わない多動性や衝動性、あるいはその両方が特徴です。この3つの症状は通常7歳以前にあらわれます。

（1）多動性（おしゃべりが止まらなかったり、待つことが苦手でうろうろしてしまったりする）。

（2）注意力散漫（うっかりして同じ間違いを繰り返してしてしまうことがある）。

（3）衝動性（約束や決まり事を守れないことや、せっかちでいらいらしてしまうことがよくある）。

一般的に多動や不注意といった様子が目立つのは学齢期ですが、思春期以降はこういった症状が目立たなくなるともいわれています。

トゥレット症候群とは

トゥレット症候群（TS：Tourette's Syndrome）はTSと略されることもあります。多種類の運動チックと1つ以上の音声チックが1年以上にわたり続く重症なチック障害です。通常は幼児・児童・思春期に発症します。多くの場合は成人するまでに軽快する方向に向かうと言われています。

運動チックとは

突然に起こる素早い運動の繰り返しです。目をパチパチさせる、顔をクシャッとしかめる、首を振る、肩をすくめるなどが比較的よく見られ、時には全身をビクンとさせたり飛び跳ねたりすることもあります。

第1章　発達障害とは　　19

音声チックとは

運動チックと同様の特徴を持つ発声です。コンコン咳をする、咳払い、鼻鳴らしなどが比較的よく見られ、時には奇声を発する、さらには不適切な言葉を口走る（汚言症：コプロラリア）こともあります。

※　このような運動や発声を行いたいと思っているわけではないのに行ってしまうということがチックの特徴です。

吃音［症］とは

吃音（Stuttering）とは、一般的には「どもる」ともいわれる話し方の障害です。なめらかに話すことが年齢や言語能力に比して不相応に困難な状態であり、下に示すような特徴的な症状（中核症状）の一つ以上があるものをいいます。

（1）反復（単音や単語の一部を繰り返す）（例：「き、き、き、きのう」）

（2）引き伸ばし（単語の一部を長くのばす）（例：「き──のうね」）

（3）ブロック（単語の出始めなどでつまる）（例：「・・・・・っきのう」）

症状は幼児期に出始めることがほとんどですが、中には思春期頃から目立つようになる人もいます。

幼児期からどもりはじめた人の過半数は、学童期あるいは成人するまでに症状が消失したり軽くなりますが、成人後も持続する場合があります。思春期から症状が目立ち始める人は少ないですが、器質的な原因の場合もあるので医療機関などで相談することをおすすめします。

その他の発達障害

上記のほかにも、発達性協調運動障害なども発達障害者支援法に基づく発達障害の定義にふくまれています。

次に、文部科学省のサイトに掲載されている定義を見てみます。この内容は、みんなのメンタルヘルスや国立障害者リハビリテーションセンターのサイトの定義とも異なっており、特に学習障害の定義は、全米学習障害合同委員会（National Joint Committee on Learning Disabilities；NJCLD）の定義に強く影響を受けているといわれています。

◎主な発達障害の定義について

自閉症の定義　＜Autistic Disorder＞
（平成15年3月の「今後の特別支援教育の在り方について（最終報告）」参考資料より作成）
　自閉症とは、3歳位までに現れ、他人との社会的関係の形成の困難さ、言葉の発達の遅れ、興味や関心が狭く特定のものにこだわることを特徴とする行動の障害であり、中枢神経系に何らかの要因による機能不全があると推定される。

高機能自閉症の定義　＜High-Functioning Autism＞
（平成15年3月の「今後の特別支援教育の在り方について（最終報告）」参考資料より抜粋）
　高機能自閉症とは、3歳位までに現れ、他人との社会的関係の形成の困難さ、言葉の発達の遅れ、興味や関心が狭く特定のものにこだわることを特徴とする行動の障害である自閉症のうち、知的発達の遅れを伴わないものをいう。
　また、中枢神経系に何らかの要因による機能不全があると推定される。

学習障害（LD）の定義　＜Learning Disabilities＞
（平成11年7月の「学習障害児に対する指導について（報告）」より抜粋）

第1章　発達障害とは　　21

学習障害とは、基本的には全般的な知的発達に遅れはないが、聞く、話す、読む、書く、計算する又は推論する能力のうち特定のものの習得と使用に著しい困難を示す様々な状態を指すものである。

　学習障害は、その原因として、中枢神経系に何らかの機能障害があると推定されるが、視覚障害、聴覚障害、知的障害、情緒障害などの障害や、環境的な要因が直接の原因となるものではない。

注意欠陥／多動性障害（ADHD）の定義　＜Attention-Deficit/Hyperactivity Disorder＞
（平成15年3月の「今後の特別支援教育の在り方について（最終報告）」参考資料より抜粋）

　ADHDとは、年齢あるいは発達に不釣り合いな注意力、及び／又は衝動性、多動性を特徴とする行動の障害で、社会的な活動や学業の機能に支障をきたすものである。

　また、7歳以前に現れ、その状態が継続し、中枢神経系に何らかの要因による機能不全があると推定される。

　※　アスペルガー症候群とは、知的発達の遅れを伴わず、かつ、自閉症の特徴のうち言葉の発達の遅れを伴わないものである。なお、高機能自閉症やアスペルガー症候群は、広汎性発達障害に分類されるものである。

　このように、現在我が国では、発達障害の定義や診断基準が複数混在し、一般人には大変わかりづらい状況が生じています（冒頭の図表1参照）。そのため、書籍や文献、インターネット上の資料を読む場合、講演会や医療機関等で話を聞く場合には、どの分類に基づいているかを確認することが大切です。

5 診断基準・定義の混乱＝発達障害の線引きの難しさ

　発達障害の定義を考える際に、発達障害者支援法を無視するわけに

はいきません。しかし、ICD-10とDSM-5の二大診断基準、そして厚生労働省と文部科学省の定義に相違点があることは既に述べてきました。数年以内にWHOで採択される予定になっている「疾病及び関連保健問題の国際統計分類　第11版」（ICD-11）では、DSM-5との整合性が図られるといわれており、それが実現されれば、発達障害の定義に関する混乱はかなり解消されると思います。

　しかし、診断基準や定義が混沌としているのは、発達障害において正常との線引きが難しいということを表しているともいえます。ICD-10におけるF84.9広汎性発達障害、詳細不明（Not Otherwise Specified；NOS）に分類されるものが、F84.0〜F84.5よりも多いことが、DSM-5において軽症（ほぼ定型発達に近い人）から重症（誰が見ても定型発達から逸脱している人）まで境界線を引かずに連続していく（自閉症）スペクトラムという概念を導入した理由の一つだといわれています（そのためDSM-5では重症度による区分が導入されています（図表４））。

　思うに、まったくの正常だ、定型発達だと、胸を張って主張できる人が本当にいるのでしょうか？　そういう主張をする人こそ、他人からは、正常から逸脱していると見られている場合が多いのはよくあることです。誰にも正常や定型とはいえない特性があるのは自明のことですし、その前提に立てば、広汎性発達障害NOSに分類される人のほうが多いこともうなずけます。

　また、成人に達する頃から発達障害の特性が目立ち始め（前景化）、それにより日常生活活動や社会参加に支障が生じる人の多くが、ICD-10の分類を用いればF84.9に該当したであろうと考えれば、大学・専門学校や職域において発達障害の問題が表面化し対処に苦慮している現状にも納得がいきます。

第1章　発達障害とは　　23

■ 図表4　DSM-5の重症度による区分

重さのレベル	社会的なコミュニケーション	限定、反復された行動
レベル3： きわめて強力な支援を要する	きわめて重篤な言語・非言語コミュニケーション能力の欠陥が、重篤な機能障害、社会的交流への導入の制限、他者からの働きかけに対する最小限の反応をもたらしている。	柔軟性のない行動、変化への適応が非常に苦手、限定・反復された行動が明らかにすべての領域で障害となる。焦点や行動の切り替えに非常な困難を伴う。
レベル2： 多くの支援を要する	明らかな言語・非言語コミュニケーション能力の欠陥が、適切な支援がある場面でも明らかな社会的障害、社会的交流への導入の困難、他者からの働きかけに対する限弱されたあるいは異常な反応をもたらしている。	柔軟性のない行動、変化への適応が苦手、限定・反復された行動が普通の人々からみても明らかである。焦点や行動の切り替えに困難を伴う。
レベル1： 支援を要する	コミュニケーションスキルの欠陥による特記すべき障害が支援のない場面で認められる。社会的交流への導入の困難、他者からの働きかけに対する非定型・非連続的な反応を示す。社会的交流への興味が減退しているかもしれない。	柔軟性のない行動が1つ以上の状況での明らかな困難をもたらす。行動の切り替えが苦手である。組織だった行動や困難を伴う独り立ちを計画する際に問題がある。

（出典：森 則夫ほか『臨床家のためのDSM-5　虎の巻』日本評論社）

　さらに、ICD-10では別の項目に分類されている広汎性発達障害（PDD）と注意欠陥多動性障害（ADHD）が、DSM-5において（自閉症スペクトラム障害と注意欠如・多動性障害とに診断名が変更されていますが）神経発達障害群という1つの分類に入り、かつ重複した診断が可能になったことも、同じ状況を表しているといえます（この点についても議論が継続していますので、ここでは割愛します）。

　実際、両者の特性を部分的に持っている、もしくは、一方の特性を強く持ってはいるが、どちらの診断基準をも満たさない人を多く見か

けます。そういう人に対し医療者も、どういう診断を下したらよいか悩む、もしくは診断を付けられないという結論に至り、それが原因で必要な治療や支援が提供されないという事態を防ぐことが可能になると考えます。

　発達障害の定義がこのように混沌とした状況にあることを、本人や家族だけでなく支援者や一般人が知っておくことは大切ですし、だからこそ診断名にとらわれず、本人や家族、支援者などが困っていることを解決できるよう具体的に対応していくことが重要だと考えていただくとよいでしょう。以下の節では、この具体的な対応方法について考えていきたいと思います。

　なお、DSM-5では発達障害に知的能力障害群（知的障害）も含まれるようになりましたが、我が国では知的障害者福祉法の対象となっており、発達障害者支援法では知的障害が対象に含まれていません。しかし、F84-及びF98-の定義には参照先として明示されている項目もあり、またDSM-5との整合性を保つためにも、ICD-10の知的障害の分類、および厚生労働省による知的障害の定義を必要に応じ参照することをお勧めします。

第1章　発達障害とは　　25

2　発達障害への対応法

　発達障害者支援法が定義している発達障害は、すべてICD-10に
準拠していることは既述しました。この法律が適用されるのは診断が
確定した人、つまり各診断基準を満たす症状（特性）を有する場合に
限られます。

　しかし、症状（特性）は百人百様で、すべての人に対し一律に有効
な治療法や対応法はなく、個別対応が必要であるため、理解を難しく
しています。また、診断基準に当てはまる程ではないにしても、症状
（特性）をいくつか有しているため、日常生活活動や社会参加に支障
をきたしている（いわゆる狭間の）人は数多いのですが、法律（や制
度）の適用からは外れてしまっているのが現状です。

　それらの人も含め発達障害の人に向き合い、仕事や勉強を共にする
には、基本的な症状（特性）を知ることが大切です。また、その症状
（特性）は発達障害の有無にかかわらず誰にもありうるため、定型発
達の方と接する際にも役立ちます。

　以下、発達障害者が抱える特性（症状もしくは問題）について述べ
たいと思います。

1　病識について

　既に述べたように、ICD-10とDSM-5が共に操作的診断を採用し
ているため、症候（症状や徴候）の有無が診断を大きく左右します。
通常、「症状」といえば自覚症状のことを指し、「徴候」といえば他覚
所見のことを指します。後者の徴候（他覚所見）は、主に医療者や家

族・支援者が気付くものであり、（本人自身が気付いていなくても）その有無や程度について客観的な判断・評価が可能になります。

　しかし、前者の症状（自覚症状）は、本人が自分の問題（困難、苦しみなど）として気付いているか否かによるため、その有無や程度の判断・評価は主観により左右されます。

　発達障害の人、特に成人以降に問題が生じた人にとって、症状や徴候とされる特性は、その時点まで本人も気付かなかった、もしくは本人にとって普通だと思っていた特性ですので、それを"問題"として認識し受け入れることは難しく、ときに辛い作業になりえます。別の表現を用いれば、いわゆる病識のなさといってもよいかもしれません。

　ただし、自分の特性を問題として認識することで、今まで理解できなかった困難や苦しみに答えが出たと安心する人もいますので、一概に辛い作業と言い切ることもできません。

　実際、直面しているはずの問題をどの程度認識しているか（病感）も個人差が大きく、明らかに問題だと感じている人から、まったく問題として感じていない人まで、さまざまです（これには後述する認知のゆがみも関係しています）。そのため、「発達障害者は宇宙人だ」という表現が随所で見られますし、"宇宙人"をパートナーにすることで心身を病むという状況が生じるのです（これはカサンドラ症候群と呼ばれ、妻＝女性の場合が多いようです）。発達障害の人と向き合うには、一歩目からすれ違わないためにも、この特性をまず知っておく必要があります。

　なお、病識がないことはいわゆる精神疾患の一つの特徴だと昔からいわれていますので、自分の問題に気付かないことを病識のなさとしてよければ、発達障害は精神疾患の一つであり、その特性を症状と呼んでも差し支えないでしょう。

　また、この特性を症状として認識しているか否かが、発達障害者と

第1章　発達障害とは　　27

して障害者手帳を持つべきか、障害者雇用で仕事をすべきかを、本人が決める際に大きく影響しています。

　本人が特性を辛さや困難さとして感じていない場合は、障害者だと認定されることに大きな抵抗感を抱くのは当然ですので、障害者手帳の申請には至らないでしょう。一方、本人が特性を辛く困難だと自覚し、その原因が精神疾患だとわかることで安心し前向きになれるのであれば、障害者手帳を持つことに抵抗感は抱かず、障害者手帳の申請に取り組むでしょう。それにより、困難で不都合な部分を複合的にサポートしてもらいながら日常生活や社会参加（障害者雇用）に取り組んでいくことにつながるでしょう。

　なお、障害者手帳を持つことで、生き方が良いほうに変わるか、悪いほうに変わるかは人により異なりますので、障害者手帳の取得に関する相談は専門家に委ねるべきです。

> 　どの人にも定型発達から外れた特性があります。それが他人には問題だと認識されていても、自分で問題だと自覚している人は多くありません。このことからも、発達障害において病識の有無に関しての明確な線引きが大変難しい作業だとおわかりいただけるでしょう。

2 自己中心的な思考について

　「発達障害の人は自己中心的な人が多く、一緒に何かを行うことが難しい（できない）」という発言を耳にします。これは発達障害の特性の一つである“こだわり”が、定型発達の人に比べあまりにも強いことを原因としている場合が多いと考えられます（自閉症児に認められる特性として、1943年（昭和18年）に米国の児童精神医学者レオ・

カナーが論文で報告したことが自閉症研究の始まりですが、同一性保持への強迫欲求："強いこだわり"として特性の一つに挙げられています）。もしくは、二次障害としての強迫性障害、パーソナリティー障害、依存症などが原因となっている場合も考えられます。

　前者の"こだわり"については、程度の差こそあれ誰にもあるので、それ自体を否定すること、なくすことはできません（だから理性ではわかっていても、理性の指示通りに"こだわり"を抑える行動ができないのです）。発達障害の人で問題となる"こだわり"は、その融通性のなさにあるのですが、その背景には"こだわり"から逸脱してしまった時の不安感があるといわれています。予定されていた事象が急に変更（いわゆるドタキャン）されると、この不安により激しいパニックが生じることは有名です。

　したがって、発達障害の人が自己中心的な思考をしている場合には、その背後にどのような不安感があるのかを、周囲の人が理解しようとする努力が重要になります。本人の"こだわり"は一種独特なものであることも多く、周囲の人がそれ自体を理解すること、納得することは難しいかもしれません。しかし、その背後に不安感があると思えば、その不安感に共感することは可能であり、"こだわり"についても理解しやすくなると思います。

　後者の二次障害によるこだわりについては、元から存在する"こだわり"を二次障害が増強している可能性もあるため、薬物療法、精神療法、環境調整等の適切な治療・対応を行う必要があります（詳細は39ページ）。

　両者を区別することは難しいですが、発達障害の特性としての"こだわり"は、体調や周囲の環境の変化によって左右されないように思いますので、一定期間内において変化するか否かが、それらを区別する一つの指標になるのではないかと考えます。

第 1 章　発達障害とは　　29

③ 想像力の問題について

　想像力（イマジネーション）の欠如が発達障害の特性の一つとして挙げられています。これは自閉症児（自閉症スペクトラム障害の子ども）に認められる中心症状として、英国の自閉症学者ローナ・ウィングが提唱した「ウィングの三つ組」の一つとして知られており、根本に自他の境界線形成の問題（自分と他人との境目がない、または薄い）があるといわれています。日常生活活動や社会参加を行っていく上で、想像力は実に大きな役割を果たしており、この能力がどの程度欠けているかにより生活上の困難さが大きく左右されると言っても過言ではありません。

　自閉症スペクトラム障害の場合は、この特性により、空気を読む、行間を読む、表情を読むことが基本的に困難で、見たまま、聞いたまま、相手の表情のまま、を理解してしまい、大きなトラブルに発展する場合が多々見られます。

　この想像力の欠如を自分自身で認識することは難しく、周囲が指摘しても本人は気付くことができないか、もし気付けたとしても、定型発達の人と同じような想像力を持っているとは限りません。

　また、この想像力の欠如は、程度の差こそあれ自閉症スペクトラム障害以外の発達障害にも認められるため、それぞれの疾患の特性（症状）に大なり小なり影響しています。

　したがって、発達障害の人と向かい合う時には、相手に想像力がどの程度あるのか、なるべく早い段階で理解し、それにより生じてしまう誤解を可能な限り小さくする努力を周囲の支援者らが行う必要があります。

　なお、定型発達の人でも、想像力の程度には大きな差があり、社会生活—特に人間関係—における微妙なニュアンスをどこまで汲み取れ

るかが、世渡りの上手さの優劣を決めてしまうともいえます。自分にはどの程度の想像力があるかを客観的に把握しておくと、日常生活の色々な場面で役に立つと思います。

4 器用さの問題について

　器用さの問題というと、巧緻運動（手先の器用さなど）の得手・不得手のことを連想する人が多いと思います。巧緻運動が苦手な人は「不器用」と呼ばれますが、発達障害の人の中には、細かい作業が苦手な人がおり、日常生活でさまざまな不自由さを感じていると思われます（本人がそれに気付いているか否かは別問題です）。

　もちろん、発達障害の人でも、とても器用で細かい作業を得意とする人もいますので、一概に“発達障害＝巧緻運動ができない”と決め付けることはできません。発達障害により巧緻運動が不得意であっても、努力を積み重ねて一つのことに熟達し、いわゆる職人と呼ばれる仕事に就いている人も多くいます。そういう方は、自分なりにさまざまな工夫を施し、作業自体や作業環境を調整して、不器用な面を補っている場合が多いようです（誤解を避けるために、元来器用な職人の方でも、さらに仕事を効率よく行えるようにさまざまな工夫を凝らし、努力していることを付け加えておきます）。

　しかし、発達障害の人の不器用さは、巧緻運動よりも人間関係における問題（困難）であることが多く、そのことに気付かないために日常生活が生きづらくなっています。本人はごく普通に振る舞っても、定型発達の人には奇異に映ってしまい、それが定型発達の人のストレスとなり、関係性に影響してしまうのです。

　この人間関係における不器用さに気付いている発達障害の人もおり、色々な工夫をしているようですが、なかなか自分を変えられず、上手

第1章　発達障害とは　　31

くいかない場合も多いように感じます。実際、人間関係は相手も同じ
人間であるが故に難しいことも多いのですが、相手を見習いながら自
分が変化（発達）していくことも可能であり、さまざまな人との付き
合いを経験していく中で、自分なりのやり方を身に着けることができ
る人もいます。

　また、定型発達の人の中にもそういう不器用な人間関係を好む人も
おり、そういう人同士が良好な人間関係を形成している場合もありま
す（ただし、お互いが発達障害である可能性も否定はできませんので、
定型発達の人から見ると不思議な人間関係や集団（いわゆる“オタク”
な集団）に映る場合があります）。

　さらに、変化に対する対応の不器用さも発達障害の人ではで目に付
きます。予定されていた事象（日時、場所、人、内容等）の急な変更、
周囲の環境や自分自身の急激な変化、に対し臨機応変に対応するのは
苦手なことが多く、容易にパニックを起こしてしまいます。一旦パ
ニックを起こすと激しい発作になることもあり、落ち着くまでにかなり
の時間を要してしまいます。

　パニックが起きないように、本人が対応策を講じている場合もあり
ますが、想像力が乏しく、そのような状況を想像できない場合も多々
あります。そのため、パニックを起こさせないために、関係者が先を
読んで早目の対応をすることが大切になります。また、パニックを起
こすという不安を最小限にするための工夫（頓服薬をお守りとして携
帯する等）も必要です。

　この原因としては、これまで述べた自己中心的な思考や想像力の欠
如だけでなく、次項以降に述べる注意力・行動上の問題や認知のかた
よりが考えられます。

5 注意力の問題について

　ADHDの人にとって注意力の低下（注意散漫、不注意）が大きな問題であることはよく知られています。日常生活においては、例えば道を間違える、約束時間を間違える、お店を間違える、早とちりをするなど、さまざまな不都合に見舞われていると思います。また、不注意による些細なミスやケガを繰り返し、ときには重大なトラブルやアクシデントに巻き込まれてしまうこともありえます。その結果、小さなケガで済めばよいのですが、運が悪ければ命を脅かすような重いケガを負ってしまう可能性があります。

　この注意力の低下は、ぼーっとして集中できない時に生じる場合と、あちこちに注意が向いて集中できない時に生じる場合とがあります。ADHDの人の場合は、後者であることが多いと思われますが、薬が影響している場合（前者）もありますので気を付ける必要があります。

　一方、ADHD以外の発達障害の人にも注意力の低下が認められることがあり、それが原因でさまざまな問題（困難）に直面している可能性があります。この注意力の低下は、一つのことに過剰に集中してしまい、他の物事に対し注意を向けることができないために生じていると思われます。

　注意機能は、認知機能（後述）の土台になるといわれ、それが障害されると外界を正しく認識し、正しく実行することができなくなりますので、日常生活活動や社会参加のさまざまな場面で、十分な対応を行うことが重要になります。

　注意機能とは異なりますが、知覚（感覚）が亢進しているために、身の周りの色々なことが刺激になり、それらに過敏に反応してしまうことで注意力が低下している人も、発達障害の人の中に認められます。これは知覚過敏という（特性よりも）症状だといえます。五感（視覚、

第1章　発達障害とは　　33

聴覚、嗅覚、味覚、触覚）で受容される感覚刺激だけでなく、精神機能としての思考、感情、意志（意欲）も刺激となり、過敏な反応を起こしてしまうのです。

　例えば、チラチラした人の動き、キラキラした光、電話の着信音、人の話し声、オフィスに漂うさまざまな臭い、チクチクした衣類の線維、などの刺激を敏感に捉えて反応してしまいます。また、自分の感情の浮き沈みやネガティブで不快な思考などに対しても過敏に反応してしまいます。

　ある一定以上の刺激であれば他の多くの人も反応するので理解してもらえますが、発達障害の人は定型発達の人が通常は感じない（反応しない）刺激を過敏（敏感）に捉えてしまうため、周囲からは何によってそういう反応をするのかが、まったく理解されないのです。このように、知覚過敏も注意力を低下させる要因の一つとなり、日常生活活動や社会参加に大きな影響を与えますので、薬物療法や環境調整等を行い十分に対応することが必要です。

6 行動上の問題について

　発達障害の人の行動には、一種独特の様式（儀式）が伴っていることがあります。例えば、新聞を読みながら斜めに歩く、人と会話する時に目以外の部分を見る、毎日同じ時間に同じ場所を散歩する、よく行く店の中で同じ経路を歩く、などです。このような行動を定型発達の人が目のあたりにすると、一種異様な光景に映るため、発達障害の人への抵抗感、偏見や差別につながってしまいます。

　発達障害の人のこのような行動は意図的なものではなく、それなりの理由により無意識に行動してしまっていると理解すべきです。それは、相手との関係で生じる不安感や緊張感を紛らわすための行動、相

手を認識する際に得意な知覚（感覚チャネル）を使った行動、自分の"こだわり"が妨げられることへの不安を避けるための行動、なのです。

考えてみれば、誰でも無意識にパターン化した行動を普段の生活で繰り返しています。その理由を問われると、即答できずに少し考えて、癖になっている、考えるのが面倒、無意識のうちに、などと答えているでしょう。発達障害の人は、「誰にも備わっている行動パターンが極端になっている」と考えればわかりやすいですし、意識してそういう行動をしているわけではないことも理解できます。

一方、ADHDの多動に代表される過剰な行動（量）も認められます。これは脳内の過剰興奮により生じると考えられ、興奮する部位により現れる特性（症状）が異なります。上下肢や体幹が動いてしまえば、ソワソワと落ち着かない多動や一見無意味に見える常同運動または運動・音声のチックが、言葉（口）が動いてしまえば多言（おしゃべり）が、思考や感情が動き回ればまとまりなく辻褄の合わない会話（発語、話）が、生じてしまうと考えられます。

同様に推察すれば、知覚（感覚）が興奮すれば知覚（感覚）過敏か知覚（感覚）鈍麻が、注意が興奮すれば過集中か注意散漫が、生じると考えられます。これも本人が意識的に興奮させているのではないため、本人は気付いていません。そのことを理解してあげましょう。

この行動上の問題も日常生活活動や社会参加に大きな影響を与えますので、薬物療法や環境調整等を行い、適切に対応することが必要です。

7 コミュニケーションの問題について

発達障害、特に自閉症スペクトラム障害の人にとって、取り組むのが難しい問題の一つが、このコミュニケーションの問題です。既に紹介したカナーの論文や「ウィングの三つ組」にも出てきます。

言語発達に問題のある典型的な自閉症スペクトラム障害の場合では、コミュニケーションに必要な言葉を持ち合わせていないことが原因とされています。しかし、言語発達にあまり問題がない高機能（知的障害のない）自閉症スペクトラム障害、ADHD、選択的学習障害など、多くの発達障害でも、程度の差こそあれコミュニケーションの問題を抱えていると感じています。

　なぜなら、円滑なコミュニケーションを行うには、言語発達だけでなく、身振りや手振り、顔の表情や声の質の変化、発汗や震えなどの身体的変化といった言語以外のコミュニケーションツールも正常範囲内に発達している必要があるからです。そこでは次のような認知のかたより（またはゆがみ）と呼ばれる、物事・言動・状況の受け止め方の問題もかかわっています。

＜認知のかたより＞

1．感情的きめつけ
　証拠もないのに、自分の感情に基づいてネガティブな結論を引き出しやすいこと
　　例：取引先から1日連絡がない　→　「嫌われた」と思いこむ
2．選択的注目（こころの色眼鏡）
　良いこともたくさん起こっているのに、些細なネガティブなことに注意が向く
　　例：ほとんどの科目は成績が上がっているのに、下がった科目のことだけを悔やんでいる（※）
3．過度の一般化
　わずかな出来事から広範囲のことを結論づけてしまう
　　例：一つうまくいかないと、「自分は何一つ仕事ができない」と考える

4．拡大解釈と過小評価

自分がしてしまった失敗など、都合の悪いことは大きく、反対によくできていることは小さく考える

　　例：ミスした時は「会社に迷惑をかけた」と嘆き、よい結果が出ると「自分は大したことをしていない」と謙遜する（※）

5．自己非難（個人化）

本来自分に関係のない出来事まで自分のせいに考えたり、原因を必要以上に自分に関連づけて、自分を責める

　　例：友達が交通事故に遭ってしまった時に、私があそこで声をかけていればと自分を責める。（※）

6．"0か100" 思考（白黒（悉無）思考・完璧主義）

白黒つけないと気がすまない、非効率なまで完璧を求める

　　例：取引は成立したのに、期待の値段ではなかった、と自分を責める（※）

7．自分で実現してしまう予言

否定的な予測をして行動を制限し、その結果失敗する。そして否定的な予測をますます信じ込むという悪循環

　　例：「だれも声をかけてくれないだろう」と引っ込み思案になって、ますます声をかけてもらえなくなる

（出典：狩野力八郎 監修「ナース専科BOOK　患者理解のための心理用語」エス・エム・エス。（※）部分は筆者（林）が追加）

　認知機能とは、簡単にいえば、五感で受け止めた情報を、脳内で今までの経験（記憶・学習・思考）と擦り合わせ、自分なりに理解していく過程のことです。そこには、今まで生きてきた中での経験が大きく影響します。発達障害の人は、その特性に応じ独特な物事の捉え方をするため、それを定型発達の人が見れば、捉え方つまり認知がゆがんでいるように見えるのです。

そのため、コミュニケーションツールの力が十分でない上、認知に
かたよりのある発達障害の人がコミュニケーションをとることは非常
に難しく、多大なエネルギーを要する作業になります。

　したがって、発達障害の人に良好なコミュニケーションを期待する
よりも、関係している定型発達の人々が、コミュニケーションを少し
でも上手く取れるよう工夫（環境調整）していくことが大切です。

8 社会性の問題について

　発達障害の人にとって、コミュニケーションと同様に難しい問題が、
この社会性の問題です。この問題が生じる理由として、既に述べた自
他の境界形成の問題を挙げることができます。

　自分と他人が違う存在だとわかり、かつ自分と他人以外に他人同士
の関係というものが世の中には存在するということが理解できて初め
て、この社会性という概念が身に着きます（二者関係→三者関係…→
多者関係）。この境界線がない、もしくは薄い発達障害の人は、相手
との関係性を保つのも大変ですので、それを大きく超えた複雑で微妙
な人間関係をも含む社会性を身に着けることが、いかに大変な作業で
あるかは想像に難くないと思います。さらには想像力、器用さ（臨機
応変）も必要になるため、その力が十分でない発達障害の人には、輪
をかけて困難になります。実際、定型発達の人でも、社会性は小さい
頃から徐々に身に着けていくものであり、学校の勉強と同じく一夜漬
けで身に着くものではないことからも、容易に想像できると思います。

　したがって、前述のコミュニケーション同様、周囲の人々が変化し
ていくことが大切で、発達障害の人に社会性を身に着けさせようと過
度に強いたり、過剰に期待したりするのは、好ましいことではないと
理解してください。

3 主治医の視点から —特に治療上の問題について

　主治医の立場から見た場合の、治療上の問題についてポイントを列挙してみました。なお、各項目のより詳しい内容については、後掲の参考文献の専門書をご参照ください。

① 発達障害者の症状（特性）について

　発達障害自体により生じる中核症状と、中核症状により引き起こされた問題（困難）により生じる二次症状とに分けられます。中核症状は当然重要ですが、二次症状が日常生活や社会参加を行う上で大きな壁になっている場合があるため、二次症状に対しても適切な治療を行うことが重要です。もちろん中核症状に対しても治療を行っていきます。

② 診断について

　問題となっている症状、生育歴、生活歴、教育歴、既往歴、家族歴などに関する詳しい問診に加え、医師による診察、臨床心理士などによる心理検査、脳のCT・MRIなどの画像検査、血液や尿などの生化学的検査、脳波などの生理学的検査、などを実施し、各診断基準も参照しながら、多角的・総合的に行われます。本人への症状の問診とインターネットでも可能な簡単な心理検査を行っただけで診断を下すのは、過剰診断につながる可能性が高いと考えます。

③ 薬物療法について

　中核症状に対しては、ADHDに用いられている薬としてコンサータ、

第1章　発達障害とは　　39

ストラテラ、インチュニブの3つ（インチュニブは小児のみ）が有名
で、効果が認められています。それ以外には、例えば自閉症スペクト
ラム障害の常同症状（同じ動作を何度も繰り返す症状）に対して適用
とされているオーラップ（ピモジド）、チックに適用とされているハ
ロペリドールなどの向精神薬がありますが、対症療法に近いと考えら
れます。それ以外の中核症状に対し効果的な薬物療法はありません。
　一方、二次症状に対しては、その症状、例えば、うつ、不安（パニ
ック）、強迫など、に応じてさまざまな薬物が適用とされていますので、
その人に合う薬物を処方することができます。どれも医師による処方
薬ですので、医療機関への受診が必要です。医療機関で医師により処
方されれば、調剤薬局で処方薬として受け取ることができます。

④ 精神療法（心理療法）について

　年齢に応じて精神分析、認知療法、行動療法、認知行動療法、対人
関係療法など、さまざまな手法が用いられ、一定の効果を期待するこ
とができます。ただし、保険診療の対象となっている精神療法には限
りがあるため、医療機関で実施されたとしても自由診療になり、高額
な自己負担が必要になる場合があります。医療機関以外で医師や臨床
心理士が実施した場合は全額が自己負担となります。

⑤ 心理教育について

　疾患や障害への理解を深めるために、本人や支援者に対して十分な
教育を行うことは大変重要です。医師だけでなく、発達障害の人に関
与しているチームのスタッフが全員で協力して行っていくことが大切
だと思います。また、発達障害の人同士の自助グループに参加するこ
とも、本人だけでなく治療者、支援者のすべてにとって好ましい影響
を与えることが多いようです。心理教育に参加するのを嫌がり拒む人

もいますが、参加すればそれなりに得るものがありますので、ぜひ積極的に参加してみてください。

⑥ 環境調整について

　年齢に応じてさまざまなプログラムが開発されてきており、そのプログラムを上手に使いながら、環境調整を行うことは、発達障害の人が生きやすくなるために必要不可欠と考えます。また、発達障害の人に対しての取組みは、定型発達の人の日常生活や社会参加にも好影響を及ぼしますので、プログラムの有無にかかわらず、日常生活の場や職場においても積極的に工夫していってほしいと思います。

⑦ 特性への理解について

　知的能力に問題があり理解力に限界がある場合を除いては、本人の発達障害への理解だけでなく、家族や支援者に対し発達障害への理解を求めるために、各種の検査結果、薬物療法ならびに精神療法による治療効果、心理教育が特性理解に役に立ちます。また、この理解を深めることで、環境調整に対しても本人と関係者の全員が力を合わせ協調して取り組むことができるようになります。

4 産業医の視点から
―労働安全衛生上の問題

　ここでは（労働）安全衛生上の問題について、産業医の視点から述べたいと思います。

　安全面で最も注意しなくてはならないのは、自己中心的で認知にかたよりがあり、かつ不注意で変化に弱いという、仕事をする上で安全確保に必要な力が、発達障害の人には欠けている、もしくは劣っているという点です。既に述べたように、これは発達障害の人の特性（症状）ですので、本人がその危険性に自ら気付くことを期待すべきではないと考えます。

　職場は自宅のように慣れた場所ではなく、自分勝手に状況（環境）を変えることもできず、かつ危険な機械や道具が沢山ある怪我と隣り合わせの場所です。また、職場への往復の通勤も必要になります。事故が起きて怪我をすると、労働災害になるという問題以前に、命の危険にさらされることにもなりかねませんので、本人任せにはせず、職場もしくは会社全体が一丸となって、リスクアセスメントを一層厳しく行い、作業管理・作業環境管理を万全にし、怪我や事故の発生を未然に防ぐ安全対策が安全配慮義務の観点からも必要不可欠と考えます。

　衛生面（健康管理）で最も注意しなくてはならないのは、生活リズムの確保と生活環境の整備（調整）です。発達障害の人を含めすべての人にとって、仕事をするために安定した日々の規則正しい生活リズムを保つことは必要不可欠です。特に発達障害の人は、自分の興味あることにのめり込んでしまい生活リズムを崩すことが多いと思われます。

また、認知のかたよりのためか、自分の生活リズムが乱れても気付かないことも多いようです。自分で生活リズムを律することが難しい場合は、生活記録表（**図表5**）を用いて生活パターンを可視化し、支援者と協力して生活リズムの調整を行うことが必要です。また、発達障害の人は生活環境だけでなく作業環境の整理整頓が苦手な場合も多く見られます。いわゆる5S（整理、整頓、清掃、清潔、躾）は職場で標語として用いられますが、規則正しい生活リズムを保ち感染症などを防ぐためにも、5Sにより生活環境を整え、衛生状態を良好に保つことは大切です。

■　図表5　生活記録表

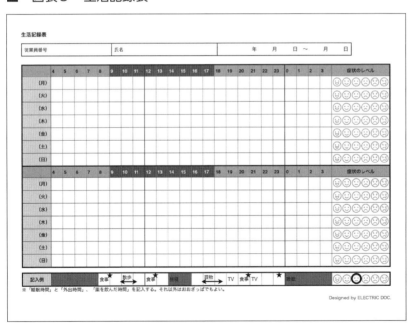

　安全衛生にとって心身の健康を維持することは大切です。どの職場でも従業員に対して定期的な健康診断が実施されているはずです。健

康診断では主に身体的な疾患や異常の有無を確認しますが、そこで見付かった異常については確実に再・精密検査や治療を行い、常に身体を良好な状態に保っておくことが肝要です。"健全な精神は健全な肉体に宿る"という諺が示す通り、身体の状態を健全に保つことが、精神状態を安定に保ち、それが生活リズムの安定に、そして最終的には安全衛生の確保につながるからです。

　また、2016年12月より開始されたストレスチェックを実施している職場では、折角の機会を活用するために積極的に受検し、得られた結果から自分のストレス状態を知り、ストレスを溜めない工夫をするなど、自分の生活にぜひ役立ててください。結果を見てもよくわからない場合は、産業医や産業保健スタッフに相談してみましょう。

5 医師の視点から　―就労上の留意点

　発達障害の人と一緒に仕事をするためには、発達障害という病気を職場全体が十分に理解することが必要不可欠です。発達障害という疾患（障害）については既に述べてきましたので、ここでは発達障害の人を受け入れるために必要なことをまとめます。

　まず、発達障害の人を迎えることになる職場の所属員一人ひとりの中に、発達障害に対してどんなイメージがあるか、偏見や差別意識がないか、を知ることが必要です。この時に、自分に対して嘘をついたり、偽ったりする必要はありません。発達障害に対する偏見や差別意識を持っている場合は、それを否定せず素直に認めてください。

　もし自分がどういう気持ちなのかわからない場合は、わからないまで問題ありません。既に発達障害の人に接した経験のある方は、その時に感じた気持ちを素直に思い出してください。それが肯定的な内容でも、否定的な内容でも構いません。大切なことは、自分にそういう気持ちがあるのだということを、職場で発達障害の人を受け入れる前に知っておくことです。

　そして、実際に発達障害の人を迎えたら、自分の持っているイメージや偏見や差別意識と照らし合わせて、今どう感じているかを素直に受け止めてください。また、初対面の時と少し慣れてきた時とで感じるイメージが違ってくることは当然ですので、自分の心に時々問いかけることを忘れないでください。これは発達障害だけでなく、すべての障害者雇用の際に役立つことだと思います。

　次にご自身の職場がどういう特性を持った場所なのかを正確に把握

第1章　発達障害とは　　45

し、発達障害の人に具体的に伝えておくことが必要です。具体的には、次の事項を挙げることができます。

- どういう立場で仕事をするのか（役割）
- どういう内容の仕事がどのレベルまで要求されるのか（業務分掌・身体的条件）
- どこまで自分で判断していいのか（裁量権）
- 誰が同じチームで管理者（上司）は誰なのか（人間関係）
- 誰が自分の仕事をサポートしてくれるのか（業務支援）
- 仕事の内容ややり方が変わることはあるのか（変化）
- 給与や雇用条件が変わることはあるのか（昇進・昇給）
- 休暇や休職・復職などにどういう縛（しば）りがあるのか（福利厚生・処遇）

　これらの事項については、雇用契約書、就業規則、分掌規程などの社内文書で確認することもできますが、定型発達の人にとってはあたり前になっていることでも、発達障害の人がまったく知らないということも多いため、状況を観察しつつ丁寧に教えてあげましょう。なぜならば、これらの事項を知らなかったために、体調が悪いにもかかわらず無理をして仕事をしてしまい休職を余儀なくされ、結果として退職となってしまう人を散見するからです。

　その次に、発達障害の人の仕事だけを支援するのではなく、朝起きて仕事に来て、夕方仕事から帰り、寝るまでのすべての過程に対し、必要に応じて具体的かつ実行可能な範囲で、ゆっくりと支援していくことが大切です。この際、先ほどと同様、定型発達の人にとってはあたり前になっていることも様子を見ながら丁寧に教えてあげましょう。

また、定型発達の人であれば１、２回でできてしまうようなことで
も、発達障害の人はその何倍もの時間が必要になることがありますの
で、根気よく繰り返し教え、できるまで待つという姿勢も大切です。
　さらに、どんなに頑張って支援してあげても、発達障害の人がその
時点で実行できることには限界があります。その限界を超えて要求す
ることは、いくら支援者側ができたとしても、やめておいたほうが無
難だと思います。

＊＊

　本章では、発達障害の定義をはじめとして、その特性と対応方法、
そして医師から見た就労上の注意点まで、幅広い範囲について述べて
きました。発達障害といっても診断基準には多くの疾患が含まれてお
り、同じ疾患でも一人ひとりの置かれている状況により、問題になっ
ている症状（困難）はさまざまです。
　そのような状況で最も重要なことは、発達障害の人それぞれが抱え
る問題に対して、具体的かつ適切な対処法を一緒に考え、対処し、一
つずつ解決していくことです。発達障害に関する書籍は沢山あります
し、インターネット上にも沢山のサイトがあり、今や情報はあふれか
えっていますが、これらの情報に振り回されることなく、その人にと
って最も役立つ確実な情報を使いながら、発達障害の人一人ひとりに
合った方法を職場が一体となって考え実行していくことが大切です。
　発達障害の人にとって役立つことは、必ずや定型発達の人も含めす
べての人にとっても役に立ちます。そのことを忘れずに、すべての人
が仕事のストレスに負けず、生き生きと働くことができる職場をつく
っていってほしいと思います。

第１章　発達障害とは　　47

＜参考文献＞

発達障害の定義等

- "日本発達障害学会 第52回研究会 切れ目のない発達障害児者支援を目指して"「[JMS] 病医院経営医師におくる医療・福祉の総合情報誌」2017年9月号（菊医会）
- 「発達障害者支援法の施行について」（厚生労働省）
  http://www.mhlw.go.jp/topics/2005/04/tp0412-1e.html
- 発達障害情報・支援センター（発達障害者を支える制度・施策／各障害の定義など）
  http://www.rehab.go.jp/ddis/
- 「特別支援教育について」別紙1 発達障害の法令上の定義（文部科学省）
  http://www.mext.go.jp/a_menu/shotou/tokubetu/main/002/001.htm
- 融道男ほか監訳『ICD-10 精神および行動の障害－臨床記述と診断ガイドライン』（医学書院）2002年
- 疾病、傷害及び死因の統計分類（厚生労働省）
  http://www.mhlw.go.jp/toukei/sippei/
- 日本精神神経学会 日本語版用語監修・高橋三郎・大野裕監訳『DSM-5 精神疾患の分類と診断の手引』（医学書院）2014年
- 森則夫ほか編『臨床家のための DSM-5 虎の巻』（日本評論社）2014年
- みんなのメンタルヘルス総合サイト －発達障害（厚生労働省）
  http://www.mhlw.go.jp/kokoro/know/disease_develop.html
- 政策レポート「発達障害の理解のために」（厚生労働省）
  http://www.mhlw.go.jp/seisaku/17.html
- LITALICO発達ナビ（LITALICO）
  https://h-navi.jp/column/article/73
- 「心理検査カタログ」2017年7月版（日本文化科学社）
  https://www.nichibun.co.jp/documents/download/catalog2017.pdf
- e－ヘルスネット（厚生労働省）
  https://www.e-healthnet.mhlw.go.jp/information/heart/k-04-004.html
- 発達障害について ADHDと自閉スペクトラム症を中心に 山田佐登留（大分県）
  http://www.pref.oita.jp/uploaded/attachment/201715.pdf
- 古荘純一『発達障害とはなにか 誤解をとく』（朝日新聞出版）2016年
- 滝川一廣『子どものための精神医学』（医学書院）2017年
- 井上勝夫『テキストブック児童精神

科臨床』（日本評論社）2017年
- 落合慈之監修・秋山剛ほか編『精神神経疾患ビジュアルブック』（学研メディカル秀潤社）2015年
- 狩野力八郎監修『ナース専科BOOKS　患者理解のための心理用語』（エス・エム・エス）2010年
- 神尾陽子編『成人期の自閉症スペクトラム診療実践マニュアル』（医学書院）2012年
- 日本精神神経学会　精神保健に関する委員会編『医療従事者のための産業精神保健』（新興医学出版社）2011年
- 樋口輝彦ほか編『今日の精神疾患治療指針　第2版』（医学書院）2016年
- 青木省三・村上伸治編『大人の発達障害を診るということ　診断や対応に迷う症例から考える』（医学書院）2015年
- 内海健『自閉症スペクトラムの精神病理　星をつぐ人たちのために』（医学書院）2015年
- 神田橋條治ほか『発達障害は治りますか？』（花風社）2010年
- ウタ・フリス著／神尾陽子ほか訳『ウタ・スリフの自閉症入門　その世界を理解するために』（中央法規）2012年
- サイモン・バロン＝コーエン著／水野薫ほか訳『自閉症スペクトラム入門　脳・心理から教育・治療までの最新知識』（中央法規）2011年
- 西城サラヨ『マンガでわかるアスペルガー症候群＆カサンドラ愛情剥奪

症候群』（星和書店）2014年
- 千住淳『自閉症スペクトラムとは何か―ひとの「関わり」の謎に望む』（ちくま新書）2014年
- 宮岡等・内山登紀夫『大人の発達障害ってそういうことだったのか』（医学書院）2013年
- 東田直樹『自閉症の僕が跳びはねる理由―会話のできない中学生がつづる内なる心』（エスコアール）2007年
- 石川元『発達障害とパーソナリティー障害　―新たなる邂逅』現代のエスプリNo.527（至文堂）2011年

（支援・職場対応等）

- "特集　成人の発達障害を支援するⅠ"「精神科臨床サービス　第14巻3号」2014年（星和書店）
- "特集　成人の発達障害を支援するⅡ"「精神科臨床サービス　第14巻4号」2014年（星和書店）
- "特集　自閉症スペクトラム障害の臨床を問う　見失われた精神療法的視点"「精神療法　第41巻第4号」2015年（金剛出版）
- "対人援助職の必須知識　発達障害のアセスメントを知る"「臨床心理学」2013年7月号（金剛出版）
- "特別企画　成人期の発達障害"「こころの科学　171号」2013年（日本評論社）
- "特別企画　職場の発達障害"「こころの科学　195号」2017年（日本評論社）
- "特集　おとなの発達障害"「そだち

第1章　発達障害とは　　49

- の科学　13号」2009年（日本評論社）
- "特集　発達障害の早期発見・早期療育"「そだちの科学　18号」2012年（日本評論社）
- "特集　発達障害とトラウマ"「そだちの科学　29号」2017年（日本評論社）
- 荒了寛『羅漢さんの絵説法⑤ ―法句経　生きよ　まず　生きよ』（里文出版）2006年
- 長沼睦雄『活かそう！発達障害脳「いいところを伸ばす」は治療です。』（花風社）2011年
- ニキ リンコ・浅見淳子『自閉っ子のための努力と手抜き入門』（花風社）2012年
- 宮尾益知・橋本圭司編『発達障害のリハビリテーション　多職種アプローチの実際』（医学書院）2017年
- Martin R. Bamber『Overcoming Your Workplace Stress　A CBT-based Self-help Guide』（Routledge）2011年
- 杉山登志郎『発達障害の子どもたち』（講談社現代新書）2007年
- 杉山登志郎『発達障害のいま』（講談社現代新書）2011年
- 星野仁彦『発達障害に気づかない大人たち』（祥伝社新書）2010年
- 星野仁彦『発達障害に気づかない大人たち＜職場編＞』（祥伝社新書）2011年

- 五十嵐良雄『発達障害の人が長く働き続けるためにできること』（講談社）2014年
- 齊藤万比古・小枝達也・本田秀夫編『ライフサイクルに沿った発達障害支援ガイドブック』（診断と治療社）2017年
- 労務行政研究所編『障害者雇用の実務　法令理解から定着支援、戦力化まで』（労務行政）2016年
- 石井京子・池嶋貫二『人材紹介のプロが答える　発達障害の人が働くためのQ&A』（弘文堂）2013年
- 石井京子・池嶋貫二・林哲也『人事担当者のための　発達障害の人の面接・採用マニュアル』（弘文堂）2013年
- 石井京子・池嶋貫二・林哲也・村上由美『人材紹介のプロが教える　発達障害の人が活躍するためのヒント』（弘文堂）2014年
- 石井京子・池嶋貫二・林哲也・水谷美佳『人材紹介のプロと精神科医が答える　産業医と発達障害の人のキャリア＆ライフBOOK』（弘文堂）2015年
- 石井京子・池嶋貫二・高橋知音『人材紹介のプロがつくった　発達障害の大学生のためのキャンパスライフQ&A』（弘文堂）2017年

第2章

障害者雇用における
発達障害者雇用

1 法令遵守から戦力化へ

　近年、障害者施策には大きな変更がありました。障害者の権利に関する国際的な流れに則し、相次いで国内法の整備が行われ、2014年1月に日本が障害者権利条約を批准、同年2月障害者権利条約が発効、2016年4月には「障害を理由とする差別の解消の推進に関する法律」（以下、障害者差別解消法）が施行されました。

　昨今、国で進めている「働き方改革」の背景となっていることは言うまでもないことです。これは障害のある人材についても同様で、障害者雇用については「働き方改革実行計画（骨子案）」にも取り上げられています。雇用率制度の存在により、日本の障害者の就業率は国際的にも高水準ですが、雇用した障害者を戦力化できている企業はまだ多くはありません。人口の減少、高齢化は労働人口の減少につながり、民間企業では人材難が表面化してきています。この労働人口の減少に対応するためには、限りある人材を活かすことが最重要課題です。性別、年齢などを問わず、働く意欲のある人を適材適所に配置し、活動してもらわなければなりません。世界に先駆けて少子高齢化が進む中で、国家財政に占める年金、医療、介護等の社会保障給付費は118.3兆円（2016年度予算ベース）で社会保障関係費等（国の負担）は32.2兆円を超えています。

　障害のある人材についても、採用と同時に即戦力とはいきませんが、個別に配慮した育成により戦力として育てていく必要があります。従来の一元的な管理ではなく、戦力化という取組みが企業に求められるようになってきたといえるのではないでしょうか。

　また、企業のコンプライアンス、CSR、社会貢献という観点からも、

障害者雇用は大きなテーマとなっています（**図表6**）。

■ 図表6　経営視点から見た障害者雇用

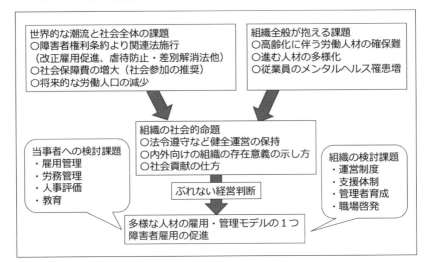

＜「働き方改革実行計画」の中の障害者の就労（抜粋）＞

●障害者等の希望や能力を活かした就労支援を推進し、障害の特性等に応じて活躍できることが普通の社会、障害者と共に働くことが当たり前の社会を目指していく。

・2018年4月より法定雇用率を引き上げ。
・障害者の実習での受入れ支援、障害者雇用のノウハウを付与する研修の受講、知見ある企業OB等の派遣を進める。
・発達障害やその可能性のある方も含め、障害の特性に応じて一貫した修学・就労支援を行えるよう、教育機関、関係行政機関と企業が連携する体制を構築。
・障害者の在宅就業等を促進。仲介事業のモデル、有力仲介事業見える化を支援。
・障害者の職業生活の改善を図るための最新技術を活用した補装具を普及。

2　障害者雇用促進法の改正

　毎年公表される「障害者雇用状況」（厚生労働省）では、障害者雇用数、実雇用率とも過去最高を更新しています。企業のCSR、コンプライアンスへの関心の高まりを背景に障害者雇用への意識が高まってきたこともありますが、「障害者の雇用促進等に関する法律」（昭35.7.25. 以下、障害者雇用促進法）が2013年に改正され、2018年4月1日より完全に施行されることが大きく影響しています。

　この障害者雇用率を設定し、事業主等に障害者雇用率達成義務を課す法律の改正では、障害者に対する差別の禁止、合理的配慮の提供の義務付け、法定雇用率の算定基礎の見直しという大きな改正が行われました。

　現在の法定雇用率の計算式では、身体障害者と知的障害者の常用労働者と失業者を合わせた数を計算式の分子としています。

【法定雇用率の算定式】

$$法定雇用率 = \frac{身体障害者、知的障害者及び精神障害者である常用労働者の数 + 失業している身体障害者、知的障害者及び精神障害者の数}{常用労働者数 - 除外率相当労働者数 + 失業者数}$$

　精神障害者を法定雇用率の算定基礎の対象に追加することにより、法定雇用率は経験のない上げ幅になると見込まれたため、激変緩和措置として計算式どおりに雇用率を引き上げないことも可能とし、2018年4月に2.0％から2.2％に、さらにその3年後までに2.3％へと段階的に引き上げることが決まっています（図表7、8）。

■ 図表7　障害者雇用促進法の改正と雇用率

法改正（法定雇用率の算定基礎の見直し）により法定雇用率が引上げ
（施行：2018年4月）
- 一般の民間企業は**2.3%**（従業員44人に1人以上）
- 特殊法人、国・地方公共団体は**2.6%**
- 都道府県の教育委員会は**2.5%**

ただし、**3年間の経過措置**として、一般の民間企業では2.2%（46人に1人以上）
特殊法人、国・地方公共団体は2.5%、都道府県の教育委員会は2.4%とする

2017年5月30日：厚労省労働政策審議会での諮問および答申より

	現　行	2018年4月	2021年4月までに
一般の民間企業	2.0%	2.2%	2.3%
特殊法人、国・地方公共団体	2.3%	2.5%	2.6%
都道府県の教育委員会	2.2%	2.4%	2.5%

■ 図表8　障害者雇用の推移

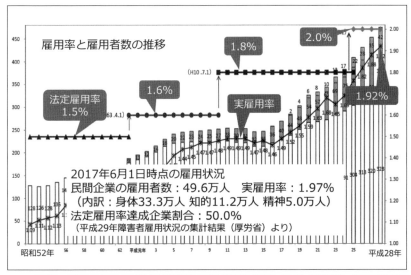

出典：2017年5月30日 障害者雇用分科会資料（厚生労働省）に筆者加筆

第2章　障害者雇用における発達障害者雇用　55

2017年6月1日時点での雇用状況報告をまとめた「障害者雇用状況の集計結果」が同年12月に厚生労働より発表されました。実雇用率は1.97％で、民間企業の雇用者数は約49.6万人（内訳：身体障害33.3万人、知的障害11.2万人　精神障害5.0万人）です。法定雇用率達成企業割合は50.0％と、統計では右肩上がりで成長しています。

　障害者雇用は企業にとっては義務であり、さらに公的機関が委託する業務や建築物の入札に応募する場合や株式上場の際には、障害者雇用もコンプライアンスの一つとして重視されます。

　また、障害者雇用においては、企業には法令遵守だけでなく、組織的な取組みが望まれます。法定雇用率を満たしていないこと、障害者雇用で採用した社員が定着しないことは、法定雇用率が達成されないだけではなく、企業の業務、さらには経営にも影響を与えるかもしれません。

　事業主である企業は、毎年一回6月1日現在の身体障害者、知的障害者および精神障害者の雇用に関する状況（障害者雇用状況報告書）を本社の所在地を管轄するハローワークに報告します。

　その報告が法定雇用率に著しく満たない場合、企業に対しハローワークによる雇用率達成指導が行われます。さらに行政の指導にもかかわらず障害者雇用に適正に取り組まなかった企業については、改善が見られなかったとして、最終的に厚生労働省が企業名を毎年度公表しています（**図表9**）。企業名が公表されてしまうと、特に一般の消費者に商品やサービスを提供している企業にとっては大きなイメージ低下となります。企業イメージの低下だけでなく、場合によっては株主代表訴訟で、「経営者は障害者の雇用を積極的に行わずに多額の障害者雇用納付金を支払い、同社に納付金相当の損害を与えてきた」とし

56

て訴えられる例もあります。

　雇用率達成指導により慌てて雇用を進めると、雇用する準備ができていないばかりか、障害についての理解や適切な合理的配慮が提供できず、障害者の雇用定着は難しく、お互いに残念な結果になってしまうでしょう。受け入れる企業の考えと熱意次第で、発達障害のある人に、労働力が減少する日本の将来を支える貴重な人材として活躍してもらうことは可能だと思います。「言われたことしかできない」と捉えるのではなく、「やるべきことがわかれば確実に業務を遂行する人たち」と捉え、そうした人たちが活躍できるように、職場環境を整えていく必要があるのではないでしょうか。

　障害者雇用は一日にして成る訳ではありません。雇用率達成指導によるところなく、正しい理解と適切な対応方法を知り、企業の社会的責任として計画的に障害者雇用を進めることをお勧めします。

■ 図表9　障害者雇用率達成指導の流れ

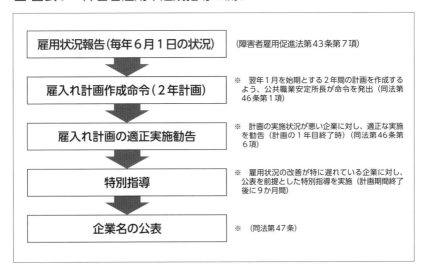

◎雇用率の算定と重度障害

　障害者雇用率制度では、身体障害者手帳、療育手帳、精神障害者保健福祉手帳の所有者を実雇用率の算定対象としています。原則として、週30時間以上働く障害者は1人、週20時間以上30時間未満働く障害者は0.5人に換算されます[*3]。

　　*3　精神障害者を雇いやすくする特例措置として、2018年4月以降5年間の措置ですが、精神障害者に限り、週20時間以上週30時間未満の労働でも、雇用開始から3年以内であるか、精神障害者保健福祉手帳を取得して3年以内である場合は1人と数えることとなります。

　重度障害者（身体・知的）とは、身体障害者は「身体障害者障害程度等級表」の1級または2級の障害を有する者および3級の障害を2つ以上重複して有する者をいい、知的障害では療育手帳で程度が「A」[*4]とされていますが、手帳の等級にかかわらず、精神保健センター、障害者職業センター等により、職業判定上の重度知的判定がなされた場合、雇用率は重度でカウントすることができます。障害者数の算定や障害者雇用納付金の額の算定などの際に、重度障害者1人を2人の障害者として計算します。

　　*4　療育手帳の名称および等級の表記は自治体により異なります。

■ 図表 10　障害種別・障害度数一覧表

障害種別	判定	手帳の等級	雇用率カウント	
			①	②
身体障害	重度	・単一では1、2級。 ・3級は、同一等級の障害を2以上重複した場合を重度とする。	2人	1人
	重度以外	・単一では3～6級。 ・7級は、同一等級の障害を2以上重複した場合に雇用率にカウントできる。	1人	0.5人
		7級単一	0人	0人
知的障害	重度	1度、2度	2人	1人
	重度以外	3度、4度	1人	0.5人
精神障害 （重軽度の別なし）		1～3級	1人	0.5人

雇用率カウント①：常用労働者（週30時間以上）
雇用率カウント②：短時間労働者（週20時間以上30時間未満）
　　出典：「事業主と雇用支援者のための障害者雇用促進ハンドブック」（東京都）より抜粋

<障害者雇用率に関する情報>

・平成28年障害者雇用状況の集計結果（厚生労働省）
　　http://www.mhlw.go.jp/stf/houdou/0000145259.html
・障害者雇用率制度（厚生労働省）
　　http://www.mhlw.go.jp/stf/seisakunitsuite/bunya/
　　koyou_roudou/koyou/shougaisha/04.html
・障害者雇用促進法の改正（厚生労働省）
　　http://www.mhlw.go.jp/stf/seisakunitsuite/bunya/
　　koyou_roudou/koyou/shougaishakoyou/shougaisha_
　　h25/index.html

3 障害者雇用納付金制度

　企業は「常時雇用している労働者数」の 2.0％※以上の障害者を雇用しなければなりませんが、実際に障害者を雇用するには、作業施設や設備の改善、特別の雇用管理等が必要となるなど、障害のない人の雇用に比べて一定の経済的負担を伴うこともあります。

　雇用義務を守っている企業とそうでない企業とでは、経済的負担のアンバランスが生じますので、この経済的負担を調整するとともに、障害者の雇用の促進等を図るため、「障害者雇用納付金制度」が設けられています。障害者雇用納付金は障害者雇用調整金、報奨金、在宅就業障害者特例調整金、在宅就業障害者特例報奨金および各種助成金の支給の財源となります。

　※　2.0％以上（〜 2018 年 3 月 31 日）、2.2％以上（2018 年 4 月 1 日〜）、
　　　2.3％以上（2021 年 4 月 1 日〜）

1 【納付】障害者雇用納付金

　常時雇用している労働者数が 100 人を超える障害者雇用率（2.0％）未達成の事業主は、法定雇用障害者数に不足する障害者数に応じて 1 人につき月額 50,000 円の障害者雇用納付金を納付しなければなりません（図表 11）。常時雇用している労働者数が 100 人を超え 200 人以下の事業主については、2020 年 3 月 31 日まで障害者雇用納付金の減額特例（不足する障害者 1 人につき月額 50,000 円を 40,000 円に減額）が適用されています。

② 【支給】障害者雇用調整金、障害者雇用報奨金

　常時雇用している労働者数が 100 人を超える事業主で、障害者雇用率（2.0%）を超えて障害者を雇用している場合は、その超えて雇用している障害者数に応じて 1 人につき月額 27,000 円の障害者雇用調整金が支給されます。

　常時雇用している労働者数が 100 人以下の事業主で、各月の雇用障害者数の年度間合計数が一定数（各月の常時雇用している労働者数の 4%の年度間合計数または 72 人のいずれか多い数）を超えて障害者を雇用している場合は、その一定数を超えて雇用している障害者の人数に 21,000 円を乗じて得た額の報奨金が支給されます。その他、在宅障害者雇用特例調整金、在宅障害者雇用特例報奨金があります。

■ 図表 11　障害者雇用納付金制度

毎年6月1日現在の障害者の雇用状況をハローワークに報告するとともに、法定雇用率に満たない企業はその未達分を納付金という形で納める。
（窓口：独立行政法人高齢・障害・求職者 雇用支援機構）

1人あたり月額50,000円

- ●常時雇用労働者数が100人を超える事業主が対象。
- ●毎年、納付金申告を行うこと（雇用率達成・未達関係なく申告は必要）
- ●法定雇用率を下回っている場合、申告と納付金納付が必要。

一定の雇用要件を満たす場合は、
- ●障害者雇用調整金
- ●報奨金
- ●在宅就業障害者特例調整金
- ●在宅就業障害者特例報奨金
- ●その他の助成金　の支給を受けることができる。

（減額特例）
常時雇用の労働者数が100人を超え200人以下の事業主は、2015年4月1日から2020年3月31日まで、納付金の額が1人当たり月額「5万円」から「4万円」に減額されます。

3 特定求職者雇用開発助成金

　高年齢者や障害者等の就職困難者をハローワーク等の紹介により、継続して雇用する労働者（雇用保険の一般被保険者）として雇い入れる事業主に対して助成されます（図表12）。

■ 図表12　各種助成金と経済的支援

◎**特定求職者雇用開発助成金(特定就職困難者コース)** [主管：厚生労働省]
　障害者や高齢者など就職が特に困難な人を雇い入れた事業者に、一定期間助成する制度。
　下表の支給額を6か月毎に分けて支給する。
　ただし、支給条件として、雇用保険適用事業所において、有期雇用ではなく、ハローワークなどからの紹介で採用に至り、雇入れ前後6か月間において当該事業所で雇用する被保険者を会社都合により解雇していないことなど、いくつかの条件を満たしていなければならない。

	中軽度の フルタイム労働者	重度等の フルタイム労働者	短時間労働者
大企業	50万円 (1年)	100万円 (1.6年)	30万円 (1年)
中小企業	120万円 (2年)	240万円 (3年)	80万円 (2年)

重度障害者等：重度障害者、45歳以上の障害者、精神障害者
中小企業：業種ごとに該当要件あり (資本金・常用雇用者数)

◎**その他の国の助成制度**
　○トライアル雇用助成金 (障害者トライアルコース・障害者短時間トライアルコース)
　○障害者初回雇用奨励金 (ファースト・ステップ奨励金)
　○特定求職者雇用開発助成金 (発達障害者・難治性疾患患者雇用開発コース)
　○中小企業障害者多数雇用施設設置等助成金
　○精神障害者雇用安定助成金
　○障害者雇用安定助成金 (障害者職場定着支援コース)

他に各自治体独自
の助成制度もある

4 手帳の種類

　「身体障害者手帳」「療育手帳」「精神障害者保健福祉手帳」の３種類の手帳があります。発達障害に特化した手帳はありませんので、発達障害のある人が療育手帳あるいは精神障害者保健福祉手帳のどちらかの手帳を取得すると、手帳保持を条件とする企業等の障害者雇用の求人に応募することができます。

1 療育手帳

　児童相談所または知的障害者更生相談所において知的障害であると判定された場合、療育手帳が交付されます。障害の程度は IQ（知能検査などの発達検査の結果でわかる知能指数のこと）や日常生活動作（身辺処理、移動、コミュニケーションなどの能力のこと）などを総合的に判断して認定されます。ただし、認定区分や基準は自治体により若干異なります

2 精神障害者保健福祉手帳

　精神疾患により、長い間日常生活または社会生活への制約がある方が申請することができます。以下の精神疾患などがその一例です。

・統合失調症
・うつ病、そううつ病などの気分障害
・てんかん

- ・薬物やアルコールによる急性中毒またはその依存症
- ・高次脳機能障害
- ・発達障害（自閉症、学習障害、注意欠陥多動性障害等）
- ・その他の精神疾患（ストレス関連障害など）

3 支援の対象

　今回の法改正では支援対象は障害者手帳の有無にはよりません。つまり、「発達障害の診断は受けているが手帳を所持していない人」も支援の対象となります（図表13）。障害者雇用で採用した発達障害への合理的配慮の提供はもちろんですが、既存社員の中で発達障害と診断され、配慮を申し出る人がいれば会社として対応していく必要があります。202、207ページで事例を紹介しています。

■ 図表13　障害者の範囲

◎障害者総合支援法

身体障害者福祉法第4条に規定する身体障害者、知的障害者福祉法にいう知的障害者のうち18歳以上である者および精神保健及び精神障害者福祉に関する法律第5条に規定する精神障害者（発達障害者を含む）のうち18歳以上である者ならびに治療方法が確立していない疾病その他の特殊の疾病であって政令で定めるものによる障害の程度が厚生労働大臣が定める程度である者であって18歳以上であるものをいう。

障害福祉サービス等対象

身体障害者福祉法第4条の規定	知的障害者福祉法の規定	精神保健及び精神障害者福祉法に関する法律第5条の規定	発達障害者支援法第2条第2項の規定	難病患者等

（改正後）障害者雇用促進法

障害福祉サービス等対象

実雇用率算定対象

雇用義務（精神障害者の雇用義務化）

身体障害、知的障害、精神障害（発達障害を含む）その他の心身の機能の障害があるため、長期にわたり、職業生活に相当の制限を受け、または職業生活を営むことが著しく困難な者

身体障害者障害程度等級表1～6級および7級が重複する者で手帳または診断書を所持する者	知的障害者更生相談所等での判定書、診断書・手帳を所持する者	症状安定・就労可能で精神障害者手帳所持者	統合失調症そううつ病てんかん（手帳持たず）	発達障害者	難病患者等

5 障害者差別の禁止

　すべての事業主を対象に、雇用の分野におけるあらゆる場面、つまり、募集・採用、賃金、配置、昇進・降格、教育訓練、福利厚生、職種の変更、雇用形態の変更、退職の勧奨、定年、解雇などにおいて障害者であることを理由とする差別的対応を禁止しています。

　一方で、禁止される差別に該当しない例もあります。積極的差別是正措置として障害者でない者と比較して障害者を有利に扱うこと、合理的配慮を提供し労働能力を適正に評価した結果として障害者でない者と異なる取扱いをすること、合理的配慮に係る措置を講ずること、障碍者専用の求人の採用選考または採用後において、仕事をする上での能力および適性の判断、合理的配慮提供のためなど、雇用管理上必要な範囲内で、プライバシーに配慮しつつ、障害者に障害の状況等を確認することです。採用時に関する事例（191 ページ）で詳しく説明しています。

　「障害者差別禁止指針」は、下記の厚生労働省サイトに掲載されています。
　http://www.mhlw.go.jp/stf/seisakunitsuite/bunya/koyou_roudou/koyou/shougaishakoyou/shougaisha_h25/index.html

---

第 2 章　障害者雇用における発達障害者雇用　　65

6 合理的配慮の提供義務

　障害者の雇用義務があるのは従業員数が 50 名以上の規模の企業ですが、2018 年 4 月に法定雇用率が引き上げられると 45.5 名以上の企業になります。障害者を長年雇用している社員数の多い企業は障害者雇用の知識とノウハウを持っていますが、45.5 名未満の規模の企業は雇用義務がないため、多くの場合、障害に関する知識を持たず、対応方法も知りません。ところが、差別禁止と同様に、合理的配慮の提供義務は、事業所の規模や業種にかかわらず、すべての事業主が対象となります。

　身体障害、知的障害、精神障害（発達障害を含む）その他の心身の機能に障害があるため、長期にわたり職業生活に相当の制限を受け、または職業生活を営むことが著しく困難な人から、障害があるために合理的な配慮が必要である旨の申出があったときには、合理的な配慮を提供しなければなりません。つまり、この合理的配慮の提供義務は、障害者雇用の算定対象である障害者手帳の有無に限定されません。一般採用した社員の中からも、合理的配慮の提供を求められることがあります。

　ここでいう合理的配慮を簡単にいうと、障害のある人が社会の中で生きていくために当事者に必要な配慮のことで、当事者本人が必要としている配慮のことになります。周囲が善かれと思って、一方的に提供する配慮ではありません。その当事者は個々に状況が異なりますので、一方的な押し付けではなく、建設的に双方の合意形成をもって生み出されるものです。

　基本的には、本人からの配慮を求める意志の表明が必要ですが、本

人だけでなく親族や支援者からの表明も含まれます。また、表明がなくとも、必要性が明らかな場合は、「事前的改善措置」として対応することになります。

　事業主にとって過重な負担となる場合には、合理的配慮の提供義務を負いません。過重な負担として、考えられる要素としては①事業活動への影響の程度、②実現困難度、③費用・負担の程度、④企業の規模、⑤企業の財務状況、⑥公的支援の有無等で、これらを総合的に勘案しながら、個別に判断することになります。

　しかしながら、車椅子ユーザーのためにスロープを用意することなどは設備面での改修で、目的も効果も明白なものですが、発達障害は見た目だけではわからない障害です。

　障害者本人から申出があった配慮について、企業が対応できないケースも生じてくるでしょうが、その場合は、なぜ対応できないかを申出のあった障害者本人に説明する義務があります。

　その際には、「企業として説明したから、本人はわかっただろう」とは判断せずに、本当に理解できているか確認することが大切です。口頭での聞き取りの弱さや、その場ですぐに質問や意見を言うことができないなどの発達障害の特性もありますので、本人にうまく伝わっていなかった、あるいはまったく違うニュアンスで受け取っていたということもありえます。お互いの認識を一致させるためにも、大事なことは文書で残し、確認できるようにしておくのがよいでしょう。

　「合理的配慮指針」および「合理的配慮指針事例集（第三版）」は、下記の厚生労働省サイトに掲載されています。
　http://www.mhlw.go.jp/stf/seisakunitsuite/bunya/koyou_roudou/koyou_shougaishakoyou/shougaisha_h25/index.html

7 合理的配慮の提供の流れ

① 配慮を必要としている障害者の把握・確認

　全社員に対して一斉にメール送信、書類の配付、あるいは社内報等に掲載することにより、企業としての合理的配慮の提供の申出を呼びかけます。

② 必要な配慮に関する話合い

　障害のある社員本人から、障害の状況や職場で支障となっている事項、配慮事項への意向を確認します。障害者本人から意向が十分に確認できないときは、障害者の家族や支援機関の担当者等から、仕事上で支障となっている事やその対処方法について話を聞きます。

③ 合理的配慮の確定

　障害者の要望を十分にヒアリングし、提供する合理的配慮を検討し、障害者本人に伝えます。その際、障害者が希望する措置が過重な負担であり提供できない場合、あるいはより提供しやすい措置を講じることとした場合は、その理由を説明します。

④ 職場内での意識啓発・説明

　障害者が職場に適応し、有する能力を十分に発揮できるよう、一緒に働く上司や同僚に、障害の特性と配慮事項を理解してもらえるように職場内での意識啓発が必要です。障害の特性と配慮事項の開示にあたっては、障害者本人の意向を確認し、開示する内容や開示する対象者の範囲等について、障害者本人と話し合っておくことが大切です。

1 合理的配慮の例

　「合理的配慮指針事例集」（厚生労働省）の「はじめに」にも述べられているように、この事例集は事業主が合理的配慮を提供する際に参考となる具体的な事例を幅広く収集したものです。合理的配慮は個々の障害者の障害の状況や職場の状況に応じて提供されるもので、個別性が高いものです。

　この事例集の別表に、発達障害への合理的配慮例が記載されていますが、これだけで対応できるものではありません。発達障害の場合は同じ診断名でも個々に症状は異なります。一つのタイプと決め付けてしまうと、適切な対応ができないかもしれません。
採用面接の際は、欲しい配慮について本人の説明を丁寧に聞き、具体的な配慮を双方で確認していく必要があります。

■ 合理的配慮の例

【募集・採用時】
・面接時に、就労支援機関の職員等の同席を認めること。
・面接・採用試験について、文字によるやりとりや試験時間の延長等を行うこと。
【採用後】
・業務指導や相談に関し、担当者を定めること。
・業務指示やスケジュールを明確にし、指示を一つずつ出す、作業手順について図等を活用したマニュアルを作成する等の対応を行うこと。
・出退勤時刻・休暇・休憩に関し、通院・体調に配慮すること。
・感覚過敏を緩和するため、サングラスの着用や耳栓の使用を認める等の対応を行うこと。

・本人のプライバシーに配慮した上で、他の労働者に対し、障害の
　内容や必要な配慮等を説明すること。

（合理的配慮指針別表より）

2 募集・採用時の合理的配慮

　採用面接や実習の際には就労支援機関の職員等の同席を認めます。
同席することで、緊張しやすい発達障害者と面接官との意思疎通がよ
り円滑になります。つまり、応募者が自分の特性を面接官に説明する
際のサポートや情報の補足が行われることで、面接官に発達障害の特
性への理解を深めてもらうことができます。

　大学入試センターが実施しているセンター試験では、発達障害のあ
る受験生への特別措置がありますが、企業の採用試験においても応募
者から要望を受けることが考えられます。実際に、字を書くことが苦
手な応募者がパソコンの使用を認められた例もあります。

■ センター入試における特別措置の事項（例）

◎すべての科目において配慮する事項（例）
　・試験時間の延長（1.3倍）
　・チェック解答（一般の解答用紙（マークシート）にマークする
　　ことが困難である者を対象として、チェック解答用紙に受験者
　　が選択肢の数字等をチェックする対応方法）
　・拡大文字問題冊子の配付（一般問題冊子と併用）
　・注意事項等の文書による伝達
　・別室の設定
　・試験室入口までの付添者の同伴
◎リスニングにおいて配慮する事項（例）

- ・1.3倍に延長（連続方式）
- ・1.3倍に延長（音止め方式）

③ 採用後の合理的配慮の例

① 業務指導や相談

　発達障害者は教えられたことをルールとして認識すると、そのとおりに仕事を進めます。いろいろな人にあれこれ指導され、やり方が少しでも異なると、どのようにすればよいかわからなくなってしまいます。

　そのため、就業開始後しばらくの間は、指示命令者として一人の社員を、発達障害のある社員の専任担当者にしておくとよいといわれています。業務指導や相談はこの専任担当者を介して行うこととし、周囲は発達障害のある社員の特性や対応方法等の情報を共有し、担当者不在の時にサポートするとよいでしょう。

　本人の状態の把握には定期面談が欠かせませんが、職場の上司以外に人事担当者が定期的な面談を行うことが有効です。社内に保健師、精神保健福祉士やカウンセラーがいる場合は定期的にカウンセリングを行うとよいでしょう。社内にカウンセリングの専門家がいない場合は、外部の支援者に依頼することもできます（**88 ページ**参照）。

② 業務指示やスケジュール

　発達障害者はあいまいな指示の理解が苦手です。「適当に」「できるだけ早く」などのあいまいな表現を文脈に応じて理解するのは困難です。日本の職場では、「昨日のあれどうなった？」などの会話がよく聞かれますが、「あれ」「これ」「それ」などの代名詞は避け、明確で具体的な指示を行うようにします。仕事の進め方だけでなく、仕事の

質と量についても丁寧に伝え、ときどき進捗状況を確認するとよいでしょう。

　複数の指示を同時に出されると混乱してしまう人の場合は、指示を一つずつ出すと間違いなく理解できます。指示の方法ですが、指示はその人にとって最もわかりやすい効果的な方法で行われるべきで、聞き取りが弱く、口頭の指示では聞き漏らしやすい人に対しては、メールやメモなど文字情報での提供が有効です。

　また、長文読解が苦手な人には、図やフローチャートによる説明が効果的でしょう。あるいは、実際に模範を示し、やってみせる方法が効果的な人もいます。いずれにしてもシンプルでわかりやすい指示を心がけます。適切な指示を受けることで、正しく理解できれば、手順に則り、確実に業務をこなす発達障害者は少なくないでしょう。

　スケジュールも前もって示します。発達障害者は自ら全体像を掴むことや先の見通しを持つことが苦手です。その一方で、先の予定がわからないと不安になります。突然のスケジュール変更も非常に苦手ですので、あらかじめスケジュールを知らせておきますが、変更が生じた時にはできるだけ早く本人に伝えます。

③ マニュアル

　発達障害の傾向のある人は、得意なことと不得意なことの差が激しいという特徴があり、仕事をする上で何らかの困難さを持つ人がいます。情報の記憶（作業記憶の困難さ）、情報の理解（視覚支援の必要性）、情報の整理統合（時間、空間、意味の整理統合の困難さ）等に課題がある人のためには、職場環境および業務を簡素化してわかりやすくすることが必要です。

　口頭の指示の聞き取りの弱い人にとっては、仕事の手順や進め方について可視化したマニュアルが用意されていると、安心して業務に取

り組むことができるでしょう。このマニュアルは長い文章による説明よりも、図や写真、フローチャートなどを多用するとわかりやすくなります。

④ 出退勤時刻・休憩・休息

　発達障害者の中には疲れやすい人がいます。二次障害（発達障害に併存して他の症状や疾患が生じたり、発達障害の本来的な特性が著しく強く現れたりすること）の影響がある人もいますが、感覚の過敏な人が多く、常にストレスフルな状態で過ごしているので疲れやすいようです。

　新しい環境に慣れるまでのしばらくの間、短時間勤務を希望する人もいます。就業開始直後は新しい環境で、仕事を覚えようと精一杯で、心身ともに疲れてしまいますので、短時間勤務からスタートすると安心できる人も少なくないでしょう。徐々に勤務時間を伸ばしていきますが、長いスパンで体調と勤務状況を見守り、本人に自信がついてから、勤務時間の延長について本人と話し合います。体力のない人にとっては残業も配慮事項の一つとなります。

　感覚過敏の影響として、触覚過敏のある人は満員電車に乗るのは耐えられないことがあります。ラッシュアワーの時間帯を避けるために、フレックス勤務の適用ができると辛さが軽減されるでしょう。

　昼の休憩時間を一人で過ごしたい発達障害者は少なくありません。言語能力が高い発達障害者でも、雑談など目的のない会話に対応するには困難を感じます。また、マンツーマンでの会話は問題なくとも、複数名での会話になると話を追うことが大変になります。さらに、食べることと、話すことを同時に行えない人もいます。そうしたことから、職場のメンバーと一緒に昼食を食べることが苦手な人も少なくありません。

第2章　障害者雇用における発達障害者雇用　73

昼休みを自分のデスクで一人静かに過ごし、午前中の仕事を振り返り、午後の仕事の準備をする時間に充てたい人もいます。

　昼休みの過ごし方はさまざまですが、どのように過ごすと落ち着くのか、聞いてみるとよいでしょう（143 ページ参照）。

　発達障害のある人は集中力があるといわれています。集中して作業を行うと、他の人より早く作業を終えることがあります。しかし、他の人の半分の時間で済んだので、疲れ方が半分かというとそういう訳ではなく、同じだけ疲れています。過集中の時間が長く続くと、疲れてミスを起こしやすくなります。過集中によりミスが多くなる人への対応としては、規定の休憩時間以外に短い休憩の付与を認めるなどの配慮も必要です。

　休憩する場所はできる限り静かな場所がよいでしょう。大勢の社員と一緒の休憩室では気持ちが休まらないこともあります。一人で過ごせるちょっとしたスペースがあればよいですが、同じ休憩室を使用する場合は他の社員と重ならないように、時間をずらして利用させることも一つの方法です。

⑤ 通院・休暇

　診察や服薬により、平日の昼間（＝勤務時間中）に通院が必要な人もいます。採用面接の際に、通院のための休暇の処理方法についてお互いに確認しておきます。疾患の状況により体調に変化が出やすい人の場合は、体調が悪化したときの対応方法や主治医や家族の連絡先についても話し合っておくとよいでしょう。

　感覚過敏が顕著で疲れやすい人は、ちょっとした変化（気候の変化や気圧の影響など）により、体調を崩しやすいことがあります。通院、服薬管理、体調管理が怠りなくできているかどうかは就業を継続する上で最も大切なことです。

⑥ 感覚過敏への対応

　発達障害のある人には感覚過敏があることが知られるようになってきました。聴覚、視覚、触覚、嗅覚、味覚などが過剰に敏感だったり、逆に鈍感だったりします。

　味覚、嗅覚が敏感であるため、食物の好き嫌いが多く、極度の偏食で毎日決まった物しか食べられない人もいます。

　聴覚が敏感すぎると、雑音が気になり、駅の雑踏のようなガヤガヤした場所は苦手です。感覚過敏への対応として、聴覚過敏のある人は自分で周囲の音が聞こえにくくなるようなツールを利用することもありますが、静かで、働きやすい座席に配置することは当然の合理的配慮です。視覚過敏のある人は、一般の人は気にしない蛍光灯のちらつきさえ気になります。

⑦ 感覚過敏等に配慮した配置

◎聴覚過敏のある人
　・プリンターやコピー機の傍でないこと
　・人の出入りの多い出入口や通路の傍でないこと
　・電話の鳴る音が気になるときは電話機自体を外す、あるいは電話機から遠い席
　・室内の音がすべて気になる場合、他の社員の席から離して配置するほか、音を軽減するために本人の周りにパーティションを使用
◎視覚過敏のある人
　・太陽光の差し込む窓際の席でないこと
　・蛍光灯の真下でないこと
　・まぶしさの軽減のために蛍光灯を1本外す
◎周囲の状況に過剰に反応しやすい人

- 人の出入りの多い出入口や通路の傍でないこと
- 周囲の視線が気になる人にはパーティションを使用
- さまざまな情報が入らないよう、静かな作業環境（視覚情報、聴覚情報）

　感覚過敏を緩和するためのツールとしては、光やまぶしさに敏感な人向けの色の付いている眼鏡、音に対して敏感な人に向けの耳栓やノイズキャンセリング機能付イヤフォン、ヘッドフォンなどがあります。

4 プライバシーへの配慮

　個人の障害に関する情報は、極めて機密性の高い情報です。一方で、障害者雇用枠での採用の際には、求職者は障害を開示して応募しています。そのため、採用面接の際には、会社は基本情報として本人の障害名や特性について確認しています。合理的配慮を提供するためにも、本人の特性と希望する配慮事項は、配属先およびその社員の指導に関わるメンバーが共有しなければならない重要な情報です。

　しかし、中には特別な配慮を希望せず、職場で障害を開示しないことを望む人もいるかもしれません。本人の意思に反して、全社員に障害を開示されたと思われることのないよう、社内での障害の開示の範囲について、採用面接時に十分に確認しておきます。障害をどこまで開示するかは、基本的には本人の意向を尊重します。

　ただ一方で、発達障害のある社員の特性は個々に異なるため、簡単な会話を交わした程度では障害があるとはわからない人も少なくありません。本人に非開示の希望があっても、開示することが好ましい場合もあります。

社内で障害を開示する範囲は、企業規模、社員の職務内容、企業の方針により大きく異なります。障害をどこまで開示するかは、基本的には本人の意向を尊重しますが、当該社員の業務遂行能力に加え、組織や職場の規模、仕事内容、配慮や支援に必要な人的労力などによっても変わります。障害を開示することが必要と判断される場合は、本人に理由を説明して承諾を得ます。

8 社内での障害者雇用の取組みにあたって

　障害者雇用に取り組むには、企業として障害者雇用を進める必要性を社内全体に周知する必要があります。経営者のコミットメント、人事部門が配属部門を積極的にサポートする姿勢を示すことが重要です。

　そして、障害者雇用の具体的なイメージを掴むために、全社もしくは管理職向けにセミナーを開催するなど、障害者雇用に具体的なイメージを持ってもらうための情報提供を行います。

　障害者雇用の推進というテーマが社内で認知され、障害者の受け入れ部門が見付かれば、職場実習やトライアル雇用を活用し、一緒に働いてみることで配属部門の社員の不安を解消することができます。

　実習生の受入れは、特別支援学校や就労支援機関から2週間程度実習生を受け入れて行います。一緒に働いてみると、面接ではわからない特性がわかり、一緒に仕事をするメンバーとしてお互いの理解が深まります。

　障害者雇用の経験のない企業にとって、初めての障害者雇用はハードルが高いものですが、求職者の適性や業務遂行可能性を見極め、お互いを相互理解するトライアル雇用という制度もあります。トライアル雇用は原則として3か月間、ハローワークの職業紹介により有期雇用契約を結び、事業主と障害者との相互理解を深め、その後の常用雇用を目指すものです。

9 現場での受け入れ

1 障害の把握と共有

　採用後、配属先が決まると、同じ職場で働く社員に、配属される発達障害者の障害の内容や本人が希望する配慮などを説明します。

　発達障害者の中には有名大学を卒業し、名の通った企業での一般就労経験の長い人もいます。履歴書などの書類では、もちろんどのような特性があるかわかりませんし、面接をしても言語能力が高く、適切に受け答えができる発達障害者の場合は、本人の要望する配慮事項の必要性が感じられないこともあるかもしれません。

　一方で、新卒や第二新卒などで就労経験がない、あるいは短い場合は、社会性などの点で未熟さがありますので、長い目で見守り、指導していきます。発達障害者は得意なことと苦手なことの差が大きく、ある部分ではよくできても、多くの人が普通にできることができないこともあります。また、ちょっとした状況の違いでできる時もあれば、できない時もあります。

　同じチームで働くメンバーは、事前に発達障害のある社員の特性と必要な配慮を知り、注意の仕方、指示の出し方、昼休みや休憩時間等の関わり方等を決めておきます。書類等により最初に知る特性だけでなく、職場のシーンごとに現れる特性と特徴を理解し、職場全体で障害特性に関する正しい理解を深めることが必要です。

　就業開始後も定着の状況や今後の課題などについて情報を共有していきます。

2 担当者の選定とサポートの留意点

　配属先では発達障害のある社員に指導を行う担当者を選任します。就業開始直後は複数の人から異なる指示を出されると混乱してしまうので、指示を出す担当者を定めておきます。

　指導係の社員が不在のときには、他の社員が替わりにサポートします。また、指導・育成は一人の社員に任せきりにせず、チーム全体でサポートを行います。

　障害者雇用で気を付けなければならないことの一つが、障害のある社員のサポートを任された社員の疲弊です。発達障害のある人の中には、「細かいことが気になる」「次から次に質問する」タイプの人がいます。次から次へ質問するのは不安の表れでもありますので、丁寧に対応しなければ不安は解消されません。

　担当者が、自分の業務を持ちながら発達障害のある社員の指導を行っている場合、細かい質問が頻繁に続くと、自分の業務と教育・指導の両方で時間外勤務が増えたり、度重なる質問に辟易したりという状況になりがちです。その負荷が長期に続くと、担当者が疲弊してしまいます。そのため、チーム全体で発達障害のある社員を支えることが必要です。担当社員の疲弊の原因となるもう一つのパターンは、発達障害のある社員から、仕事に関することだけではなく、プライベートな話を延々と聞かされることです。

　これは発達障害者の特性の一つである正直さに起因するものと思われ、彼らの中には「すべて正直に話さないといけない」と思い、しかも「黙っていると苦しい」と感じる人もいます。また、どこまで他人に話してよいのかの線引きがないため、職場で話すべきではないプライベートなことも、相手がどう思うかを考えることなく話してしまいます。さらに、話を要約することも苦手なため、思いついたまま延々

と話し続けることになり、最初は親切に話を聞いてあげようと思っていた指導担当者も、長い話に辟易してしまうようになります。

　発達障害のある社員への対応で指導担当者が疲弊してしまわないように、周囲も代わるがわる発達障害のある社員のサポートをすること、人事担当者や上司も疲弊した指導担当者の話を聞く機会を設け、フォローすることが大切です。

③ 業務指示の留意点

　発達障害のある人の特徴として、就業開始時に目立ちやすいのは、新しい事柄への対応に時間がかかることです。特性として、複数のことを同時に言われると混乱する、何回説明しても仕事が覚えられないといったことがありますが、これは情報の取り込み方が独特であるためです。

　他の人より新しいことを覚えるのに時間がかかるものの、一度覚えてしまえばそのルールどおりにきっちりと遂行できます（したがって、一度覚えたルールは途中変更が難しいという面もあります）ので、初期段階の様子だけを見て「仕事ができない」という先入観を持たずに、時間をかけて指導していくことが必要です。

　マニュアルの準備については合理的配慮の提供（72ページ）でも触れていますが、仕事に慣れるまでは、必要な情報を発達障害のある社員が取得しやすい方法で提供すると、仕事の理解や本人の安心感につながります。

④ 作業の見通し

　発達障害のある社員は、自ら先の見通しを持つことが苦手な反面、

第2章　障害者雇用における発達障害者雇用　81

漠然とした先行きの不安を抱く傾向が見られます。一日のスケジュールが決まっていると、その日を安心して過ごすことができます。

　障害のある社員が多く働く現場では、当日のスケジュールをホワイトボードに貼りだしています。そのスケジュール表を見ながら、本人と業務内容を一つずつ確認します。時間帯により、行う作業内容がわかるよう色を変えて視覚的に掲示し、その日のスケジュールだけではなく、1週間先、1か月先などのスケジュールもわかるようにしておくとよいでしょう。

5 優先順位の指示

　毎日、その日の仕事内容を書いた書類を本人に渡すことも、一日の作業内容がわかり、安心につながります。発達障害のある人は先の見通しを持つことが苦手であることから、仕事の優先順位を付けることが苦手な人も少なくありません。

　「このくらいは自分でできるだろう」と思って任せておくと、優先順位や仕事量に関係なく、頼まれた順に黙々と作業を進めていた、あるいは長期に渡って準備を進めなくてはならない仕事には手を付けず、目の前の簡単な業務だけをこなすことで、仕事ができているつもりになっていた、というようなこともあります。

　発達障害のある社員の状況によって、必要であれば指導にあたる社員が毎日、その日の仕事の優先順位を指示します。優先順位の示し方は、その日の予定や作業内容と作業量等を確認し、口頭で1番目、2番目と示したり、さらにそれらの資料に順番を記載したフセンを貼る程度の指示で十分な人もいます。慣れてきたら、自分で優先順位を考えられるように指導していきましょう。

6 進捗状況を確認する機会の設定

　発達障害のある人の中には、指導係の社員が忙しそうにしていると、質問してもよいかどうかのタイミングが計れず、質問することができない人がいます。自分から質問できない人に対しては、指導する担当者のほうから声をかけて進捗状況を確認するか、作業の進捗状況を確認する機会を定期的に設けるとよいでしょう。コミュニケーションが極端に苦手な人には、作業日報や日誌を提出してもらうことで、作業の進捗状況を確認することができます。

　ある程度就労経験のある人に対しても、進捗状況の確認は必要です。思い込みが強いと自分が正しいと信じた方向に突き進み、結果的に間違った方向に作業を進めてしまうことがあります。そのためにも、定期的に進捗状況を確認する機会は大切です。質問のタイミングと同様に、報告・連絡・相談もタイミングを計ることができません。定期的な声掛けで、本人が困っていることがないかを確認します。

7 事前予告の必要性

　発達障害のある人は、毎日の生活が自分の把握しているスケジュールどおりに進むと安心して過ごすことができます。突然の出来事への対応は苦手としていますので、残業など突発的な出来事が発生すると想定されるときは、できるかぎり早く告げます。また、残業を依頼する時には何時まで残業して欲しいのかを具体的に伝えます。残業で何時に帰宅できるかわからないという状況は、発達障害のある人にとってストレスになることがあります。

　定期面談についても事前に日程、目的と予定時間を伝えておきます。発達障害のある人のタイプはさまざまですが、話の長い人（80〜

81ページ参照)、うまく話せない人がいます。話の長い人に関しては、予定時間内で面談を終了するためにも事前予告が大事です。面談中に話の内容があれこれと飛んでしまい、自分が最も話したかったことを時間内に伝えられない場合もあります。予定時間の少し前に「あと○分です」と伝えることも有効です。

終了予定時刻になれば面談を終了しますが、その際に次回の予定を伝えます。面談で想いをすべて伝えたいというタイプの人の場合、自分の想いをすべて伝えきれなかったと不全感を抱きがちですが、次回の予定を知ることで安心します。逆に対面で話すことが苦手な人の場合は、事前に面談を予告しておくことで、自分の伝えたい内容を文書で用意してくることでしょう。

職場に配属された時の自己紹介の場面では、大勢の人の前で話すことが苦手で緊張してしまう人がいます。簡単な自己紹介だからと思うかもしれませんが、突然言われると頭の中が真っ白になり、何も話せなくなってしまう人もいます。前もって、「この日に1～2分の自己紹介をしてもらうので、用意してきてください」と言われれば、準備して自己紹介を行うことができます。

発達障害のある人たちは前もって伝えることで、安心できることを理解し、対応してもらうとよいでしょう。

8 個別面談とその効果

発達障害のある社員との個別面談は重要な機会で、業務遂行上も大きな役割があります。指導してくれる社員が忙しそうにしていると質問することができない人が多く、定期的に話を聞く時間を設けることにより、本人の持つ悩みの軽減につながります。先の見通しばかりか全体の流れも掴みにくい人がいますので、自分の仕事が全体にどのよ

うに関わるかを示すと理解が深まり、モチベーションが上がります。

　企業により面談担当者および面談の頻度は異なりますが、入社後も人事担当者が面談する企業も少なくありません。時期としては入社1か月後頃に実施することが多いようです。

　一例としては、事前にアンケートを送付し、回答を記入して人事担当者に提出してもらったものを元にヒアリングを行います。本人の不安、困っていることを聞き出し、一つひとつの不安について対策を一緒に考えます。また、今後についても不安なこと、不明なことを確認します。

　そして、課題（宿題）を与え、先の目標を具体的に伝えます。その場合、「ゆっくり覚えればよい。半年後に一人で仕事ができるように」といった時期の目安があるとよいでしょう。自分がどのくらい仕事ができているのか（あるいはできていないのか）を把握できていない当事者は多く、できている事柄を明確に伝え、次の目標を示すとモチベーションが高まります。

　発達障害のある人の中には体力のない人も少なくありませんので、常に健康状態を把握しておくことは重要です。体調のチェックのために、本人の日誌に日々の体調を記入してもらう職場もあります（43ページ図表5を参照）。当然のことですが、疲れた様子のときは早めに休憩をとらせることが大事です。

9 就業定着

　発達障害のある社員の就業定着のためには、仕事に集中できる環境の整備が大事であることは言うまでもありません。合理的配慮（73ページ）のところでも説明しましたが、周囲にはわからないような音、まぶしさなどが辛さを与えているのであれば、室内で少しでも影響の

ない座席を検討し、配置した座席でもまだ、何がしかの影響があるようであれば、軽減できる方法を一緒に考えます。

　仕事についても可能な限り得意な業務に集中させ、苦手な業務は外す、周囲がカバーできる体制を組むなどの対応が取れれば、安心して働き続けることができるでしょう。

　そして、最も重要であるのは社内でのコミュニケーションの取り方です、常に余裕を持って発達障害のある社員に接し、本人の話を聞く環境の用意が重要であることに違いありません。発達障害のある社員も、職場の他の社員と同じように声をかけられたいと願うものです。

　本人が希望する配慮は面接のときに申し出ていて、配属後は提供する配慮について申し送りがされているはずです。就業継続に伴い、配慮はそのまま継続でよいのか、状況に応じて本人と企業との間で話し合っていきます。発達障害のある社員に限ったことではありませんが、気配り、心配り、声掛けが重要であることは言うまでもありません。

　配属にあたってはキーパーソンを設定するのが一般的ですが、上司と部下という立場の面談だけではなく、人事担当者の面談も定期的に実施する職場のほうが自分の状況を話すことができる機会が多いという点で、就業定着により結びついているように思われます。現場に任せきりにしないという点でも、障害者雇用を継続させるための定着フォローの大きな役割を担っています。

　このように、上司や同僚による作業指導が一般的ですが、さらに、最近の傾向として発達障害のある社員の就業定着のために、外部支援機関から派遣されるジョブコーチ等の支援者による支援を利用する企業が増えてきています（図表14）。

　ほかにも、障害のある社員を大勢雇用する企業では、業務遂行を援助する職場支援員を配置することもあります。職場支援員とは、精神福祉士、社会福祉士、臨床心理士、産業カウンセラー等や、特例子会

■ 図表14　職場定着

【マネジメント】 ・気配り、心配り、声掛け ・定期的フォロー ・キャリア開発 ・就業規則などの徹底 ・配属⇒本人の職務設定と部署への周知理解・準備	【配慮】 ・個人情報 ・時間配慮⇒勤務通勤、残業、通院など ・必要な配慮の把握⇒緊急時対応、安全管理など ・通勤手段の配慮（下肢障害など） ・電話対応への配慮(聴覚障害など)
【相談窓口、キーパーソン】 ・キーパーソンを設定する。 ・人事担当者とも定期的に面談実施。	【支援機関との連携】 ・支援者との連携および活用 ・相談（当事者・従業員・管理者らと） ・研修（PC、ビジネスマナー） ・フォローアップ

社や障害者の就労支援機関等での実務経験などの条件を満たす人のことをいいます。障害者を雇い入れ、職場支援員を配置（雇用、業務委託、委嘱）した事業主に「障害者職場定着支援奨励金」が支給されます。支給対象期間は2年間（精神障害者は3年間）で、支給対象期間（6か月）ごとに支給されます。職場支援員の配置の方法により、次のとおりです。

① 雇用または業務委託により職場支援員を配置した場合

	中小企業以外	中小企業
短時間労働者以外	3万円／月	4万円／月
短時間労働者	1.5万円／月	2万円／月

② 委嘱による配置の場合

　委嘱による支援回数×1万円が支給されます。支給要件などの詳細は都道府県労働局・ハローワークへお問い合わせください。

10 外部支援機関の活用

　この数年、発達障害者を雇用する企業が増えてきていますが、同時に外部支援機関の支援者を活用する企業も増えています。

　この場合の支援者とは、障害者職業センターのカウンセラーやジョブコーチ、障害者就労移行支援事業所を利用していた場合は通っていた事業所の支援員、あるいは地元の障害者就労支援センターの職員等を指します。

　これらの支援機関による職場定着支援は、企業または本人の申請により利用することができます。このサービスは目安として就業開始後半年間は福祉サービスの一環として提供されるので、無料で利用できます。業務上での定着に課題がある場合は、障害者が職場に適応できるよう、障害者職業カウンセラーが策定した支援計画に基づきジョブコーチが職場に出向いて直接支援を行います。障害者が新たに就職するに際しての支援だけでなく、雇用後の職場適応支援も行います。

　企業が支援機関を利用する理由は、会社では話しにくいことを支援者に相談できるので、本人の不安の解消につながることが主な理由ですが、もう一つの理由は、仕事以外のプライベートの悩みを延々と語る社員には個人的なことは支援者に相談するよう切り分けができるからです。一般就労経験が長く、仕事上の問題はないだろうと思われる発達障害のある社員でも、定期的に職場を訪問してもらい、話を聞いてもらっています。特に問題はなくとも、話を聞いてもらうことで本人の安心につながるからです。

　また、支援者と本人の面談の内容は、本人の許可を得て、職場の上司もしくは人事担当者とも共有します。本人の成長ぶりを確認し、職

場で何らかの問題があるかどうかを察知し、素早く対処ができるという点でもよい方法だと思います。

外部支援の活用は増加していますが、外部の支援者をいつまでも頼ってはいられません。発達障害のある社員の就業定着においては早い時期から支援してもらいますが、いずれはフェイドアウトしていくべきものです。徐々に支援から距離を取り、その後は何かトラブルや相談の際には連絡を取りますが、職場全体で発達障害のある社員の就業を支えていくのが理想的な姿でしょう（図表15）。

■ 図表15　部署を超えたコミュニケーション

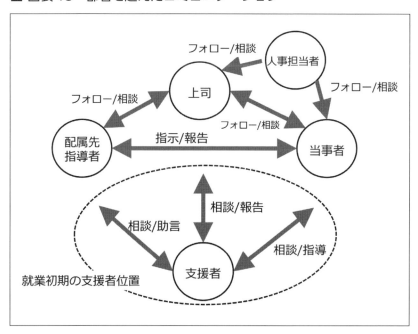

第3章

コミュニケーションと
雇用管理のポイント

1 コミュニケーションにおける留意点

　医学的見地からのコミュニケーションの障害は、言葉を操って他者とコミュニケーションをとることに困難が生じる疾患群です。

　発達障害のある人の中には言語の遅れのある方もいますが、個人差が大きく、成人になるまで発達障害であることに本人も周囲も気付かなかった場合は、言語能力に遅れが見られません。語彙も豊富で自分の興味や関心のあることは何時間でも話すことができます。自分の考えを一方的に表現することに長けている人もいますが、相手の立場を考えることは不得手とすることが多いので、必ずしも十分な意思の疎通ができていないこともあります。

　業務上の目的が明らかな内容に関しては問題ありませんが、抽象的な説明やあいまいな指示を受けると、周囲が期待するほどの理解には至らないかもしれません。仕事の内容以外では他の人と友好的に会話することが苦手であったり、相手の話している内容や意図を上手にくみ取ることが苦手であったりします。

1 あいまいな指示

　日本の職場では「昨日のあれどうなった？」などの会話がやりとりされます。発達障害のある人はこのように突然聞かれても、すぐに返答ができないでしょう。「あれ」「これ」「それ」などの代名詞を聞き、相手の言わんとする物が何かを瞬時に考えるのは苦手なのです。

　例えば、「そこのあれを取って」と言われても、相手が何を指しているのか瞬時にはわかりませんが、「窓際にある黒いケースを取って」

と言われればわかります。このように、発達障害のある人が対応しづらい、職場で頻繁に使用されているあいまいな表現をいくつか紹介します。

「適当にやっておいて」

　仕事が忙しいとき、難易度も緊急度もそれほど高くない仕事を上司が部下に依頼することがあります。日頃の部下の仕事ぶりから「この位ならできるだろう」「きっとわかっているだろう」という判断で部下に仕事を任せることも多いと思います。一時的にでも仕事を任せるということは、経験も積み、遂行する手段やルールもわかっているので、任せても大丈夫だろうと上司は判断する訳です。

　やり方もすべて、丸投げという訳ですが、発達障害のある人は想像力の乏しさ、相手の意を汲むことの苦手さがありますので、「適当に」という言葉では何をどのように、どのくらい、いつまでにやるのか、見当がつかなくて困るでしょう。

　就労経験の長い人であれば「何をすればよいのですか？」と質問できるかもしれませんが、多くの発達障害のある人の場合、このような曖昧な指示では、何をすればよいのかわからないでしょう。自分のやるべき事がわからずに、不安さえ感じてしまうかもしれません。

「だいたいでよいから」

　だいたい：細かい点を除いた主要な部分。また、全体を大づかみにしたところ。あらまし。おおよそ。（出典：デジタル大辞泉）

　物事の要点、また数量などを、大雑把にとらえるときに「だいたい」を使用しますが、細部に注意がいってしまう発達障害のある人は、物事を大枠で捉えることが苦手です。「適当に」と同様に、「だいたい」の範囲を測りあぐねることでしょう。もちろん、言われた発達障害の

第3章　コミュニケーションと雇用管理のポイント　93

ある人は、何をどうすればよいのか一生懸命考えるでしょうが、そもそも物事を大雑把に捉えることはないので、上司の求めるものがどのようなものかがわかりません。

　発達障害のある人に指示するときは、いつまでに何をどうして欲しいのかを具体的に伝えます。資料作成等も自由な形式であると、どのように進めてよいか悩んでしまう人がいます。前回の資料などサンプルがあると、スムーズに資料を作成することができるでしょう。

「できるだけ早くやってね」

　この場合も「できるだけ早く」の時間感覚がつかめません。「○時までに」と具体的に伝える必要があります。

　発達障害のある人への仕事の指示にあたって、特に気を付けたいのが、納期および締切りの確認です。発達障害のある人には言葉を字義どおりに受け取り、相手の意を汲むのが苦手な人がいます。「一週間以内の提出」であれば、一週間の期限ぎりぎりに提出する人がいます。「一週間以内」と言われれば、一週間以内の期限までには提出しますが、早く提出すると、「相手が喜ぶ」「仕事が早いと評価される」などの効果は思い浮かばない人もいます。

　また、ミスがないか心配で、締切りぎりぎりまで何回も見直すため、提出が間際になってしまう場合もあります。一人ひとりの特性を把握し、いつまでに提出して欲しいのか、より具体的に伝えるのがよいでしょう。

「好きなようにやっていいから」

　忙しくて手が回らないとき、上司が部下に自分の仕事を分け与えて依頼することがあります。「好きなようにやっていいから」といっても、実際のところ、「この位のレベルや量の仕事であれば、できるだろう」

「前回の資料があるので、わからないことがあれば聞いてくるだろう」と上司は思っています。上司の「好きなようにやっていいから」は実は少しくらい違ってもよいけど、前回の資料と同じように作成してほしいのかもしれません。

　一方、発達障害のある人が「好きなようにやっていいから」と言われたら、特性からその言葉の真意に気付かず、字義どおりに受け取れば、「自分が思うままにすればよい」と思い込んでしまうかもしれません。上司は発達障害のある社員の特性を理解し、コンスタントに丁寧なコミュニケーションを取っていく必要があります。

「こっちに気を付ければよいから」

　ＡとＢの注意点がある場合に、「Ａに気を付ければよいから」と言われると、発達障害のある人はそのアドバイスだけではすぐに動くことができません。大ざっぱなアドバイスで動ける人たちも多いかもしれませんが、発達障害のある人は、「ではＢはどうすればよいのか」「Ｂにはどの程度の注意を払えばよいのか」と考えてしまいます。考えても自分では答えを見付けられないでしょう。すべてが明確で具体的な指示をされることで、発達障害のある人が安心して仕事を始めることができます。

「もう一度自分なりに考え直して」

　部下の仕事の成果に関して、自分なりに考えさせて、その仕事の改善を図らせようとする場合に使われる言葉です。依頼した仕事の仕上がりが不十分であり、部下が気付いていないように感じられた時、自分で気付かせるために、あえて自分なりに考えるようにと突き放し、部下の成長を促すために行います。

　しかし、発達障害の特性である想像力の弱さがあると、再考して

第3章　コミュニケーションと雇用管理のポイント　95

も、上司が求めるところまでの改善に至るのは難しいでしょう。本人は一生懸命考えるのですが、求められる基準やポイントが明確にわかっていないため、一歩も進まないことが予想されます。いくら考えても進展に結び付くような材料を見付けることができず、本人も手詰まりを感じ、近付いてくる締切りに焦るばかりでストレスにつながるかもしれません。

　発達障害のある人への指導方法は、いきなり大きな課題を与えるのではなく、個々の事例を示しながら、どのようにすればよいのかを説明し、時間をかけて指導していくことが重要です。

② 明確で具体的な指示

　発達障害のある人への指導にはわかりやすく、具体的な指示が欠かせません。口頭で伝える場合は、シンプルかつストレートに伝えることが大事です。発達障害のある人には婉曲的な表現の理解が苦手な特性がありますが、「説明が長い」、「複数の指示が含まれている」等もわかりにくい説明の一つになります。

　障害者雇用枠で採用されたAさんが職場に配属された時の例を紹介してくれました。初めて発達障害者を職場に受け入れたチームの方々は皆親切で、とても優しく丁寧に接してくれました。優しい態度で接してくれることはとても嬉しかったのですが、とても丁寧に長々と説明をしてくれるので、丁寧であればあるほど、Aさんは内容がわからなくなってしまったそうです。

　発達障害のある人は婉曲的な表現を理解しにくく、また短期記憶の容量に問題がある人の場合は、長い話を聞くことや複数のことを同時に説明されるのが苦手です。つまり、発達障害のある人への説明はストレートでシンプルに行うのがよいのです。

3 口頭だけはない適切な方法で

　合理的配慮のところでも説明していますが、仕事を教える際にはマニュアル、作業フローチャートが準備されていると、発達障害のある社員は安心して仕事に取り組むことができます。

　口頭での聞き取りの弱い人に大事な情報と指示を伝えるときにはメモを作成する、あるいは本人にメモを取らせ、文字情報で残す（時間や数字、指示が複数に渡る時、複雑な指示等）ことが重要です。メモを取ることができる人もいますが、特性上、メモを取るのが苦手な人もいます。「要約してメモを取ることができない」「メモを取ることに集中すると聞いている内容が頭に入らない」「文字を書くことが苦手で、字が汚いため、メモを取っても何が書いてあるか、あとで読めない」等、個々に状況は異なりますが、同時進行、マルチタスクが苦手な発達障害のある人に対して、文字による情報を補足するのは合理的配慮の一つにあたります。

　また、文字情報だけでは仕事のイメージが浮かばないという人もいます。視覚からの情報がよいのか、聴覚からの情報がよいのか、それとも実際にやってみせて、その後自分でやらせてみるのがよいのか、発達障害のある人のタイプによって教え方は異なります。配属された発達障害のある社員の様子を見ながら、周囲は必要に応じて「ナチュラルサポート」を心がけます。

　障害者の職場定着のためには、働く障害者を取り巻く職場環境にサポート体制が存在していることが必要だといわれています。支援の分野では、このような職場における上司や同僚などからの障害のある社員へのサポートをナチュラルサポートと呼んでいます。障害のある社員の自立のためにも、周囲は長期的に本人の行動を見守り、何か問題が発生したときには関わる、ということを繰り返していくことにより、

第3章　コミュニケーションと雇用管理のポイント　97

本人のスキルが向上していきます。

4 社内のルール、暗黙のルール

　就業規則や社内のルールは、入社早々に説明する必要があります。特に就労経験の少ない人は、周囲の社員の断片的な会話からの情報で、ちょっとしたことでも誤解してしまうかもしれません。また、就労経験があっても、社会人としての適切な行動基準をわかっていない場合もありますので、入社後できる限り早期に、就業規則や組織のルールについて説明しておきます。

　空気が読めない、周囲に無関心なことも多い発達障害のある人は、当然のことながら暗黙のルールには気付くことができません。休憩室の利用方法、パントリーの使い方からゴミの捨て方なども丁寧に説明しておくとよいでしょう。

5 注意するときの留意点

　仕事上、適切な方向へ改善を促すために、注意・指導するのは当然のことです。発達障害のある人に対して仕事のミス等を注意する際には、穏やかな姿勢で端的に指摘し、どのようにしたらよかったかを示します。

　発達障害のある人の中には、相手の声の大きさや表情に敏感で、不安になりやすい人がいます。強く叱責されると、叱責の内容ではなく、『怒られた』ということだけに対し不安とストレスが増大し、正しい処理方法を学ぶどころではなくなってしまいます。

　また、人によっては注意されることに過剰に反応し、パニックになってしまうこともあります。注意を被害的に受け取るタイプの人は、相

手が自分を嫌っていると思い込んでしまうこともあります。注意や指導を受けて、相手への不信感などが強まらないような配慮が必要です。

　指示やアドバイスは問題が生じたときに速やかに、何が問題で、どうすればよかったかを、具体的に指導係から直接伝えることが大事です。さらに、大勢の前で注意するとストレスが高まりますので、本人に注意する際の気遣いとして、もし可能であれば、別の静かな場所で穏やかに注意を行うのが適切な対応でしょう。

6 対人関係

　発達障害のある人の特徴として、場面に応じた適切な振る舞いや対応ができないことがあります。もちろん、個々の生活環境、就労経験の有無、障害特性の状況によってその程度は異なります。

　挨拶、返事などの基本的なマナーは、特別支援学校の生徒であれば、学校生活の中で繰り返し行うことにより、身に付きます。発達障害のある人にとっては、何事も教えられることや、経験することが大事であるのは言うまでもありません。

　職場で起こりやすいマナーの問題は同僚、上司、お客様等、立場の違いにより敬語の使い分けができないことです。

　また、場面や立場を考慮することも苦手なことの一つです。周囲が忙しそうにしていても、それに気付かず、手伝わないばかりか、定時に自分一人さっさと帰宅してしまうことがあるかもしれません。周囲の状況に気付かない人がいる一方で、周囲が忙しそうにしていると、自分は忙しくなくとも自分まで疲れてしまうという感受性の強い人もいます。

　自分の意見を主張するあまり、上司や周囲の人々と衝突する人もいるかもしれません。適切な言葉遣いや振る舞いは、その都度穏やかに

指摘し、適切な対応を具体的に説明します。

　一般の就労経験のある人によく見られるのは、仕事を頼まれたら断れない人です。自分の仕事も抱えているのに、他の人の仕事も頼まれて、時間外業務が増加し、自分の疲れていることに気付かない（感覚鈍麻）場合、疲労に気付いた時には体調が悪化してしまっています。指導にあたる人は常に業務の進捗状況を確認するだけではなく、本人の体調も確認します。

　発達障害のある社員が職場適応していくためには、上司や先輩とスムーズなコミュニケーションを取れるようにする、臨機応変な対応ができるようにするなど、さまざまなことが求められ、当事者にとってはかなりハードルの高い対応を求められています。本人が対処方法を身につけることが第一ですが、どんなに努力をしても一朝一夕で身につくものではありません。どうやっても直すことができないところもありますので、職場の上司、指導を担当する社員の理解が何よりも重要となります。発達障害のある社員と一緒に働く方々は対人関係面での特性についても事例などから知識を得ていただきたいと思います。

＜参考文献・資料等＞

・発達障害のある人の雇用管理マニュアル（厚生労働省）
　　http://www.koyoerc.or.jp/investigation_research/245.
　　html
・発達障害者と働く　コミック版（高齢・障害・求職者雇用支援機構）
　　http://www.jeed.or.jp/disability/data/handbook/
　　manual/emp_ls_comic05.html
・発達障害者のための職場改善好事例集
　　http://www.jeed.or.jp/disability/data/handbook/ca_ls/
　　h23_kaizen_jirei.html

2 その他の発達障害の特徴

1 相貌失認

　発達障害のある人だけではありませんが、相貌失認といって顔認知の問題を持つ人がいます。発達障害と相貌失認との関係性については、発達障害のある人は目、鼻、口という細部を見てしまうために、顔全体としての認識が難しいのではないかと言われています。

　相貌失認の傾向を持つ発達障害の人にどのような状況なのかを聞いてみたところ、目、鼻、口いずれも一つひとつのパーツはわかるのですが、それらが一緒になった顔としての認識は苦手で、顔が見分けられないという状況が発生するそうです。実際には、相手と会話をするなど、接する機会が増えてくると見分けられるようになるそうですが、顔は表情の出るところです。相手の顔が見分けられないとすると、表情を読み取ることが苦手です。上司の機嫌が悪くとも気付かないこともあるかもしれません。

2 空気を読めない

　「空気が読めない」と言われる発達障害の人の中には、空気を読める人もいます。ただし、空気を読めてもどのように対応したらよいかわからないそうです。つまり、場面ごとの感情がわからないということではなく、それぞれの感情はわかっても、全体としての流れを把握できず、対応方法が瞬時にはわからないということになります。

　発達障害のある人は、冗談を真に受けてしまうことがあります。話

第3章　コミュニケーションと雇用管理のポイント　　101

し手は全体の流れの中でその冗談を言ったとしても、発達障害のある人は、独立した言葉、断片としてそれを受け取るので、本気にしてしまうのかもしれません。また、相手から言われた皮肉が、その時はわからず、あとでその真意を知り、傷付いてしまうことがあります。

3 建前と本音に苦しむ

　発達障害のある人の中には「白か黒か」、「0か100」かの二者択一思考を持っている人がいます。ところが、実際に働き始めると、この思考により確固として構築された自分のポリシーとは異なる行動をとらざるをえないことが生じ、苦しむことがあります。

　例えば、子供は家庭でも小学校でも「嘘をついてはいけない」と教わります。新卒で、あるメーカーの営業事務職として採用されたBさんは、毎日ひっきりなしの電話を受け、お客様からの問合せや注文に必死に対応していました。営業事務は電話対応があり、なおかつ受注締切り時間に追われるマルチタスクで、業務の正確性とスピードが求められますので、発達障害のある人にとって、向かない仕事の一つです。必死に電話に対応し、業務をこなしてきたBさんが、どうしても納得できない出来事がありました。お客様の注文の商品が在庫切れであったので、在庫切れをお客様に正直に伝えたところ、後になって職場の先輩や上司に「お客様に在庫切れと言ってはいけない」とこっぴどく怒られたのです。「嘘をついてはいけない」と教えられてきたBさんは、周囲の先輩や上司から注意されても、本当のことを言ってなぜ怒られるのか、理解できませんでした。

　社会人をある程度の期間経験すると、在庫が切れていても、「ご注文ありがとうございます。それではすぐに発送の手配をいたします。お届けまでに若干のお日にちを頂戴するかもしれませんが、よろしく

お願いいたします」のように対応し、決して在庫切れとは言わないことを知っています。

　また、休暇を取得している社員にお客様から電話が入ったときは「休みを取っています」ではなく、「あいにく本日は一日不在にしております」と応答することは職場で見聞きして自然にわかることですが、発達障害のある人は自然に覚えるだろうという訳にはいきません。なぜそのように対応しなければならないか、背景も含めて丁寧に説明しておく必要があります。

4 正直であること

　「嘘をついてはいけない」と教えられた発達障害のある人の多くは嘘をつきません。しかし、正直すぎて困ることもあります。

　発達障害のある人の中には面談で自分の想いを聞いて欲しいという欲求が強い人がいます。正直であるため、普通ならば職場では話さないような会社への強い要望や不満も口にしてしまうことがあります。職場で仕事ぶりについて褒められれば、天にも舞い上がるような気分で一生懸命仕事に打ち込むのですが、一方で他の人のネガティブな発言にも影響を受けやすいところがあります。そのため、一度ネガティブな情報が入ってしまうと、修正がしにくいところがあります。

　相手が自分の話したことをどのように受け取るかまでは考えが至らないため、最初は親身になって話を聞いていた指導係の社員も、話の内容によっては「そんなことまで話して欲しくない」と感じるかもしれません。仕事のことだけではなく、プライベートな内容にも話が及ぶのが特徴だからです。このような場合、一人の社員だけに対応を任せると大きな負荷がかかりますので、チーム全体で分担してサポートするか、早めに外部支援を導入するのがよいでしょう。

第3章　コミュニケーションと雇用管理のポイント　103

5 体力への影響

　発達障害のある人の感覚過敏への対応については75ページでも触れていますが、職場でみられるその他の特徴や影響について説明しておきたいと思います。

　音や光に感覚過敏のある人は、常に職場でストレスフルな状況にあります。合理的配慮で環境面等を整えたとしても、それ以外にも予期せぬストレスを感じるかもしれません。レイアウト工事の作業の音、周囲の人々の大きな声での会話等、さまざまな誘因が存在しています。常にストレスを感じているということは、当然他の人より疲れやすく、日々の業務をこなすだけで精一杯という人は少なくありません。

　さらにちょっとした変化にも敏感な人がいます。季節の移り変わり、気圧の変化等で大きな影響を受ける人がいます。春から夏への気候が変わる頃に体調を崩しやすい人がいますし、冬になると過眠、過食の傾向が出てくる人もいます。気圧の変化が体調に影響する人も少なくありません。体調への影響は個人差がありますが、大きな台風が近づいてくると気圧の変化で頭痛を感じる他、肩のあたりが重い感じがするなどの影響があります。自分では理由がわからずに体調が悪くなるというのも不安なものですが、最近は気圧の変化を予測するアプリがありますので、そのアプリにより、自分の体調不良の原因は気圧の変化によるものだとわかれば、少しは安心することができるかもしれません。

6 ストレスに弱い

　発達障害のある人の中にはストレスに弱い人が少なくありません。小さい頃からの度重なる失敗や挫折経験などにより、自己肯定感が著

しく低下している場合もあります。特性として、ストレス耐性の低い人もいますので、ちょっとしたスケジュールや仕事上の変化だけでなく、相手の威圧的な態度により不安を強く感じやすいのも特徴です。

　相手が威圧的なタイプであれば、少しでも強い口調で注意されると、身がすくんでしまい、一言も発することができずに固まってしまうという状態になる人もいます。自分が怒られていなくとも、周囲の人が怒鳴られているのを見たり、聞いたりすると、自分が怒られているかのように感じ、胸がドキドキして身がすくみます。実際には怒る声は聞こえていないのに、電話中の先輩社員が相手から怒られている様子を見るだけで、不安でいっぱいになってしまうこともあります。

　このように、不安になりやすい人が多いため、威圧的な態度で接することは避けるべきです。業種にもよりますが、繁忙を極める現場では仕事の指示に関し、つい乱暴な口調になってしまうことがあるかと思います。威圧的な態度や言葉で不安になりやすい、発達障害のある人の特性を理解した対応を周囲の人にお願いしたいと思います。

7 自分と他人の区別

　発達障害のある人の中には、自分と他人の境界線があいまいな人が見受けられます。社会が抱える不安、国内では大震災やさまざまな事件、世界中の紛争や政情不安なども、他の人以上に不安になりがちな体質から、職場においても自分の業務の範囲を超えて不安や責任を感じてしまうことがあります。

　例えば、時間外労働時間の削減のための取組みを進めている職場で、時間外労働時間の集計に携わっていた発達障害のある社員が社内の時間外労働の状況をチェックしていたところ、一人の社員が極めて過剰な長時間労働を行っていたことに気付きました。過労死は報道でも大

きく取り上げられていますので、その時間外労働時間の多さに、「このような長時間労働では過労死があってもおかしくない、万が一過労死するようなことがあったら、自分のせいだ」と不安になってしまいました。

　冷静に自分の役割を考えれば、長時間労働の発生を上司に報告し、会社として長時間労働の抑制などの対策を早期に行うことになりますが、上司に報告はするものの、驚きと不安の気持ちが納まるには少し時間がかかるでしょう。上司が然るべき対策と今後の流れを説明することで、その社員の気持ちは落ち着くはずです。

8 人事情報の取扱い

　障害者雇用枠の採用では管理部門の業務に就く人が多く、人事、総務、経理などの部署では、他の社員の人事情報に接する機会があります。発達障害のある人の中には、自分の興味のないことにはまったく無関心な人がいます。その場合は、他の社員の情報に関心を持たずに淡々と処理をしてくれることは、結果として適切な業務ということになります。

　グループ会社の情報であれば問題はないのですが、自社の情報を取り扱う場合、自分の給与と他の社員の給与の差を知ることがあります。正社員として長らく勤務している社員の人たちの給与はともかく、自分と同じ時期に障害者雇用で入社した社員との差に気付いた場合は、驚くだけでなく納得できない気持ちが芽生え、そのストレスで体調を崩すことがあります。

　個人情報を取り扱う業務の遂行については、当該社員の個別的適性を把握した上で検討すると共に、担当させる場合は、個人情報の取扱いを担当する社員の心構えについて丁寧に説明し、他の社員の個人情

報の取扱いについてのルールを説明するとよいでしょう。

　人事部門に配属された発達障害の人の悩みを聞いたことがあります。病気や事故などの個人情報に関わる機会が多く、メンタル疾患による休職者に関する話題も耳にするのが辛いと言っていました。世間一般では、さまざまな機密情報を知るのが好きな人が多いと思いますが、発達障害のある人の中には、怖いことや会社の重要なことについて自分は知りたくないという人もいます。発達障害のある社員の個々の特性と感じ方に留意して担当業務を検討する必要があります。

9 仕事以外のコミュニケーション

　言語能力が高く、仕事上での会話がまったく問題ないと思われる人でも雑談が苦手であることがあります。これは目的のある会話と、目的のない会話の違いで、明確なテーマのない雑談の中で相手の考えを読み取り、会話のキャッチボールを行うのは発達障害のある人にとってハードルの高いことです。

　仕事以外での配慮要請の一つとして、昼休みは一人で過ごしたいという人がいます。雑談が苦手なので、昼休みに他の社員の人たちと一緒に過ごすと気を使って疲れてしまうためです。

　就業を開始してしばらくの間、仕事以外では会話もせずに黙々と作業しているかもしれませんが、慣れてくると会話をする余裕が出てくるでしょう。ここで注意していただきたいことは、発達障害のある人は雑談ができないことを気にしていますので、特性の一つとして「雑談が苦手である」ことを周囲に話していますが、雑談が苦手だからといって、話しかけて欲しくない訳ではないことです。むしろ、仕事上の支援としては周囲から声をかけるようにします。

<table>
<tr><td>**3**</td><td>管理者としての対応</td></tr>
</table>

1 管理者の役割

　管理職には、自らのチームが目指すべき方向性を示し、日々の課題解決についても指示するほか、メンバー一人ひとりを指導・育成していく役割があります。同時に、自らもプレーヤーとして業務に携わる場合は自らの仕事の成果を上げなければなりませんし、日常業務での課題解決に向け、自己およびチーム全体の双方に目を配り、PDCAサイクルを回していかなければなりません。目の前の課題解決で十分忙しい管理職ですが、部下への対応をなおざりにする訳にはいきません。

　特に発達障害の傾向のある部下を持つのであれば、管理職の対応で部下の活躍に大きな差がでます。部下一人ひとりの性格や長所・短所を踏まえると同様に、発達障害の特性を踏まえて対応します。一般の社員への対応と同様に発達障害のある社員への適切な業務を担当させ、業務に対する動機付けにより、本人がモチベーションを感じることができれば、期待以上の能力を発揮してくれます。

2 障害の把握と共有

　採用後、配属先が決まると、現場での受入れ（79ページ）でも説明しているように、管理者は一緒に働くチームの社員に対し、配属される発達障害のある人の障害の内容や本人が希望する配慮などを説明します。

108

発達障害者の中には言語能力が高く、受け答えができる人も少なくありません。特に一般就労での就業経験があれば、一通りの業務はこなしてきていますので、何か実際の問題に遭遇してみないと、どうしてその配慮が必要なのかが理解できないこともあります。一方で、就業経験の短い場合は、新卒と同じように手取り足取りの丁寧な指導が必要になるでしょう。少しずつ業務を経験させ、時間をかけて指導していきます。

　チームの社員全員に配属される発達障害者の特性と必要な配慮事項を説明します。障害情報を知らせる範囲は159ページで説明しています。発達障害について十分に知識を持つ社員ばかりとは限りませんので、発達障害に関する書籍等からの知識や専門用語で伝えてしまうと「これが苦手、あれが苦手」というネガティブな印象を与えてしまうかもしれません。誰しも自分が知らない事柄に対しては、不安を抱きます。「真面目である」「一生懸命に取り組む」等の長所を伝え、「得意なことと苦手なことの差が大きい」というような大まかな説明で、一緒に働きながら、よりよい対応方法を考えていこうという説明でスタートするのがよいでしょう。発達障害のある社員の指導にあたるメンバー全員と、注意の仕方、指示の出し方、昼休みや休憩時間等の関わり方等を具体的に決めておき、実際の対応はメンバーに任せます。

　発達障害の特性による苦手さは必ず現れるものではなく、さまざまな状況が重なることにより顕著になることがあります。また、学歴等から学業では優秀と思われる人が、実際の業務になると期待したとおりにはできないこともあります。想定していた業務がうまくこなせないように見えるときは、指導係からの報告を待つことなく、指導を始めてからの経過と現在の状況を確認してください。業務がうまくこなせない理由が、特性によるものなのか、環境によるものなのか、さまざまな要因があるかと思います。時間をかけて業務を確実にこなせる

第3章　コミュニケーションと雇用管理のポイント　109

ようになればよいですが、特性等からの困難さが原因と判明したときには、早めに業務を変更する等の対応をとります。障害者雇用において採用後にうまく定着できるかどうかは、初動の対応が重要です。

3 担当者の選定とサポートの留意点

　発達障害のある社員を指導する担当者を選任し、対応を任せます。指導係の社員が不在のときには、他の社員が代わりにサポートする体制を構築します（80ページ）。障害者雇用で管理者として気を付けなければならないことの一つが、発達障害のある社員への声掛けです。日々言葉をかけ、良好な関係が築けていれば、職場にも慣れ、順調に成長していくことでしょう。

　一方で重要なのは、指導係の社員への対応です。担当者の選定にあたっては、細かいことが気になり、指導係に次から次に質問するタイプの部下を持たせるには、おおらかな人柄の社員がよいでしょう。一方で（発達障害は一人ひとりタイプが異なりますので）、受動的で自ら質問できず、新しいことを覚えるのに時間がかかるタイプの部下を指導するには、気が長く、根気よく指導できる社員がよいでしょう。

　いずれにしても、自分の業務を持ちながら、発達障害のある社員の指導を行う場合は、発達障害の特性に由来するものとわかっていても、指導する側に負荷がかかります。管理者は発達障害のある社員の指導役の社員の様子にも気を配り、ときどき話を聞くようにします。障害者雇用は企業全体としての取組みでもあるので、人事担当者にも声を掛けて、一緒に話を聞くのがよいでしょう。

　企業によりますが、発達障害者の指導にあたる社員を特に評価しているという話も聞きます。発達障害について知識と理解があり、適切な指導のできる人材が増えることは素晴らしいことです。就業定着に

は管理者と指導係の社員、発達障害のある社員それぞれのコミュニケーションが十分に取れていることが何よりも重要です。

4 発達障害のある部下の育成・指導

　多くの組織では、フラット化や業績・結果志向の高まり、労働時間も管理されるなか、プレーヤーとしての仕事も抱える管理職は目の前の課題をこなしていくだけで精一杯で、部下の指導・育成や業務のマネジメントまで十分に手が回らないことがあります。組織や構造上の問題はあるかもしれませんが、チーム全体で問題を共有し、できることから始めていきます。

　発達障害のある社員の配属が決まったら、配属される部署の全員へ、配属されるチームや担当する仕事内容などを就業を開始する前に周知します。配属された日の朝礼などで上司から本人を紹介する職場もありますが、特性の開示と紹介の仕方次第では本人が傷つくことがありますので、事前の説明がよいでしょう。

　障害の開示については本人の希望を踏まえますが、特性などの詳しい情報の取扱いと職場のどの範囲まで開示するのかを検討します。日常業務についても指導を担当する社員を決定し、チームでサポートできる体制を確立しておきます。大企業ともなると、職場にはさまざまな雇用形態の社員が一緒に仕事をしています。正社員、契約社員、出向社員、派遣社員、パート社員等、立場も考え方も違う人たちが働く職場全体では必要最低限の説明にとどめ、一方、一緒に働くチームのメンバーの中では特性の簡単な説明と欲しい配慮事項を共有し、対応方法を話し合い、サポートを率先します。

5 面談の重要性

　日常の面談については84〜85ページで説明していますが、管理職としての面談は発達障害のある社員にとって、特別かつ重要な位置付けになります。発達障害のある社員は上司の指導と関わり方次第で、やり甲斐を感じて活躍したり、やる気を失ったりします。

　面談では本人の仕事についての定着状況を確認し、本人の困りごとを聞くのが一般的ですが、できていることのフィードバックが何よりもが重要です。自分は仕事をどのくらいできているのだろうか、できていないのではないかと、不安で仕方がない人が少なくありません。面談では現時点でのできていることだけでなく、できていないことを確認しますが、特にできていることを具体的にフィードバックし、次の課題を与えます。

　障害者雇用で採用されたCさんは、自分は仕事がきちんと仕事ができているか心配で仕方がありませんでしたが、思い切って上司に尋ねてみました。すると、「あなたが思うよりできているよ」との回答があり、Cさんは余計にわからなくなってしまいました。フィードバックは本人が理解しやすいように、数値などを利用し具体的に伝えるようにします。

6 面談で留意すべきこと

　管理職としての対応で注意したいことは、発達障害のある社員の要望に対して真摯に対応することです。これまでの障害者雇用では、障害のある社員の要望に対して、とりあえず話を聞くというスタンスで、その後要望に対する回答もなく、なおざりにされていることが多かったのではないでしょうか。

古いタイプの管理者は「話を聞いた」という意味合いで、「わかった、わかった」という言葉を多用するかもしれません。「わかった」という言葉を字義どおりに捉えて、自分の要望が聞き入れられたと受け取る発達障害のある社員は少なくないでしょう。

　合理的配慮の要請に対しては、すぐにでも検討し、提供することが難しければ、提供できない旨の説明が必要です。お互いの行き違いを防ぐためにも、合理的配慮の提供に関する面談については、話合いの内容を記録に残し、お互いに確認しておくとよいでしょう。

　もう一つ、留意しておきたいことは、お互いの話合いの中で、発達障害のある社員に二者択一の選択をしてもらうときは、時間の猶予を与えることです。

　発達障害のある人の中で、ADHDタイプの人は後先考えずに決断してしまう傾向がありますが、ASDタイプの人は判断力や決断力が弱く、また、判断・決断に時間がかかるといわれています。物事の全体を把握することが苦手であること、また、決断した結果どうなるだろうかと想像することも難しく、これらが判断力や決断力に影響を与えます。

　そのため、面談のその場で決断を迫るのではなく、本人が熟考できるだけの猶予期間を与えます。

7 上司との関係

　職場の上司との関係が大きな影響を与えるということは、管理スタイルが合うと発達障害のある人は働きやすく、仕事がうまく進み、能力を発揮でき、本人のモチベーションが上がることにつながります。

　ASDタイプの人は仕事の手順がすべてきっちり決まっていることを好みますが、ADHDタイプの人はやるべきことの枠組みは決まっ

ていても、その中での若干の自由度があるといきいきと仕事をすることができます。

　今までの上司の下では問題なく業務ができていたのに、人事異動で上司が変わり、新しい上司がとても細かい人で、ミスなどを細かく指摘され、行動も管理されるようになってから、すべてがうまくいかなくなってしまったと話す発達障害の人は少なくありません。

　ミスを指摘され続け、行動に対してもダメだしばかりされると、発達障害のある人はその上司の前では常に緊張するようになり、緊張のために不器用になり、常に失敗をしてしまいます。気持ちの落ち込みとストレスが体調不良につながり、結果として発達障害の診断につながったという話を多くの発達障害のある人から聞きました。

　では、どのような上司の下でなら、いきいきと働くことができるのでしょうか。自分を認めてくれ、自分に合う仕事を与えてくれるということが大前提ですが、一言でいうと「多様な価値観を受けいれる柔軟性がある上司」ということになります。

　さらに、常に落ち着いている人格者で、細かいことにこだわらない人ならば、発達障害のある人にとって最高の上司です。そのような上司に認めてもらい、成果について褒めてもらえると、得意な能力を最大限に発揮することができるでしょう。

8 疎外感を感じさせない職場づくり

　発達障害に限ったことではありませんが、障害者雇用の定着の鍵の一つは職場の人間関係で、障害のある社員との意思の疎通がうまく取れているかどうかです。

　障害者雇用枠での採用は、中途採用と同様に随時入社となりますので、多くの場合は同期入社がいません。そうすると、同じ職場の中で

自分だけが周囲になじめず、距離感を感じ、周囲との違和感や疎外感を持ってしまうことがあります。

　初めて発達障害のある人を雇用した場合、雇用する側にはまだ十分な知識がありません。障害者雇用枠で入社したＤさんは、自分の特性の説明として、「雑談が苦手です」と伝えました。その後、入社後かなり経ったにもかかわらず、職場での会話はほとんど発生せず、Ｄさんは決められた業務を一人黙々とこなす日々です。Ｄさんは雑談が苦手と感じていますが、声をかけてほしくない訳ではありません。このようなときこそ、面談でＤさんの想いを管理者が確認し、チーム内でＤさんへの適切な対応方法をあらためて話し合うべきでしょう。

9 障害のある社員の職場定着による効果

　発達障害のある社員の特性は個々に異なり、簡単な会話を交わした程度では障害だとはわからない人も少なくありません。障害をどこまで開示するかは、基本的には本人の意向によりますが、チーム内、関係部署のみに開示など、企業の方針により大きく異なります。

　業種および職場にもよりますが、正社員、契約社員、派遣スタッフなど、さまざまな雇用形態の社員が働く職場では当然のことながら、管理職のマネジメントが求められています。人事管理・雇用管理のノウハウの経験の蓄積もさることながら、発達障害のある社員をサポートしていくことで、職場全体が一体となり成長していく実感が得られるのではないでしょうか。

　発達障害のある人が働きやすい職場は、良好なコミュニケーションが取れる誰もが働きやすい職場です。社会的責任を果たし、社会貢献に寄与する充実感が得られる職場がさらに増えることを期待しています。

第3章　コミュニケーションと雇用管理のポイント　115

コラム

雇用分野における障害者差別と障害者虐待

◎世界的な潮流による障害者権利の保護

　障害者権利に関する国際的な流れとして、2006年に国連総会で障害者権利条約が採択されました。その翌年には日本が障害者権利条約に署名し、それを契機にして国内法の整備が進みました。2013年に障害者差別解消法が成立、それをもって2014年障害者権利条約に批准し、2016年に障害者差別解消法が施行されました。

◎障害者差別解消法の内容

　これまでモラルという形であったものが、この法により明文化されました。障害者基本法第4条にある「基本原則である差別の禁止」を具現化したもので、差別解消のための規定事項としては次のとおりです。

　（1）障害を理由とする不当な差別的取扱いを禁止

　（2）障害者に対する合理的な配慮を義務付け

　（3）紛争解決と地域連携の体制整備

　この法律は罰則法ではないので、罰則はありません。ただし、必要とあれば各主務大臣からの報告要請・助言・指導が行われます。そこに虚偽があれば関連法による罰則が適用されます。

　国・地方公共団体等は差別の解消を推進するための基本方針・対応要領を作成し、これを服務規律の一環として定めて実際の対応に役立てています。事業分野別の事業者に対しては、実際の対応・判

断に役立てるように対応指針（ガイドライン）を作成しています。

◎不当な差別的取扱いについて

　障害を理由にして、正当な理由なく、各種サービスの不提供、機会を奪う、制限を付けるなどの権利利益を侵害することを禁止しています。ここでいう正当な理由は、個別に検討・判断することになります。「みんなに迷惑をかける」、「業務がすべて止まる」という拡大解釈や、個人で勝手に判断して、「それは無理な要求です」と配慮を拒否するような主観的判断も不当とみなされる可能性があります。当然、合理的配慮の否定（不提供）も差別的取扱いになります。

　障害により不利な状況にあることから、障害者が有利となる取扱い（積極的改善措置）や合理的配慮の提供により他と異なる対応をした場合には、（障害をもたない人より優遇するような措置を取る）、差別に当たらないと位置付けています。

　この法律は行政や事業者に課せられるもので、個人には課せられませんが、障害者差別の主旨に反する行動は許されるものではありません。

◎合理的配慮について

　雇用分野に関する障害者差別における合理的配慮は、71ページに述べられているとおりです。改正障害者差別解消法にも差別的取扱いの禁止や合理的配慮の提供は定められています（図表16）。

　「合理的配慮」を解釈すると、気配りがすべて配慮とはいえません。その中には配慮を提供する側の勘違いもあるからです。「善かれと思って」考えられた配慮が、本当に本人が求めているとはいえない

こともあるのです。

　本当に必要なこと、求めていること、双方が妥当であると認めていることを提供することが合理的配慮で、双方の建設的対話により生み出していくものです。

■ 図表16　差別禁止と合理的配慮の提供義務

雇用分野以外の全般での対応／障害者差別解消法（2016年4月施行）

	差別的取扱い禁止	合理的配慮の提供
国・地方公共団体等	法的義務	法的義務
民間事業者	法的義務	努力義務

雇用分野での対応／障害者雇用促進法（2016年4月改正施行）

	差別的取扱い禁止	合理的配慮の提供
国・地方公共団体等	法的義務	法的義務
民間事業者	法的義務	法的義務

◎障害者差別の実態

　内閣府発表の2017年「障害者に関する世論調査」では、障害を理由とした差別や偏見があると答えた人は全体の83.9％で、障害者差別解消法の存在を知っている人は全体の21.9％、という結果になり、改善にはほど遠く、関心もまだ低いという現状です。

　2016年「障害を理由とする差別の解消の推進に関する法律に係る 裁判例に関する調査結果について」（内閣府障害者施策担当）には、雇用分野以外で発生した障害者差別の裁判事案が挙げられています。また、各自治体において設置された窓口に寄せられた差別と

思われる事例も順次発表されています。

◎障害者虐待防止法について

　近年、虐待事件が著しく顕在化し、それに対応するために児童、配偶者、高齢者に対する虐待・暴力防止を謳った法律が作られました。障害者についても同様に、2012年に障害者虐待防止法が施行され、2013年には養護者から教育・医療分野にまで対象範囲拡大の見直しもされました。

◎障害者虐待防止法の内容

　障害者の虐待については、施設や事業所内という環境から「外部から見えにくい」、お互いに利害関係があり要望や改善が「言えない・言いにくい」という状況にありました。障害によっては「伝えることができない」ことから表に現れにくい一面もありました。そのようなことから虐待が発生しても「見て見ぬふり」となり、重大な事態になることもありました。それらを踏まえて、障害者の権利擁護の観点から虐待防止とそれを国等の責務とする位置付けで制定されました。

　虐待の有無判断については、包括的な判断基準を持ち、もし判断が疑わしい場合であっても、基本は虐待該当事案として扱われます。そのため、「虐待が確認できなかった」は「虐待がなかった」ということではありませんので、勘違いしないように注意が必要です。本人が虐待を受けたという自覚、虐待者が行使したという自覚がなくても関係ありません。行政には不作為責任があるので、通報があれば速やかに権限が行使され、調査・決定・指導が行われます。発

見者には通報義務があり、通報者への不利益取扱いが禁止されています（通報者保護）。

なお、この法律は処罰法ではありませんが、関連法（刑法による刑事罰）にて処罰されます。

◎雇用現場での障害者虐待の状況

メディア等で報じられる障害者虐待事案は、特に重大な事件性のあるものが多く取り上げられています。福祉サービスにおける生活や就労の支援施設内での養護者による虐待行為が多く見受けられます。

これを就労現場に目を移すと、使用者による虐待行為も相当数の通報があり、虐待としての認定を受けています（**図表17**）。

■ 図表17　通報・届出の寄せられた障害者数

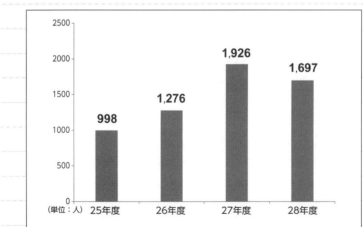

（出典：厚生労働省「平成28年度使用者による障害者虐待の状況等」（プレスリリース）

一般的に、障害者の虐待というと、もっとも件数が多いと想定されるのは、身体接触などの直接行為による身体的虐待でしょう。ところが、厚生労働省によって年度単位で集計される障害者虐待統計の結果（**図表18**）を見ると、実際には、賃金未払いや最低賃金等に関する経済的虐待が多く、それに次いで多いものが心理的虐待になります。

■ 図表18　年度別・虐待種別障害者数（虐待が認められた障害者）

	身体的虐待	性的虐待	心理的虐待	放置等による虐待	経済的虐待	合　計
25年度	28	8	52	5	352	445
	6.3%	1.8%	11.7%	1.1%	79.1%	100%
26年度	32	9	46	18	508	613
	5.2%	1.5%	7.5%	2.9%	82.9%	100%
27年度	87	11	88	16	984	1,186
	7.3%	0.9%	7.4%	1.3%	83.0%	100%
28年度	57	6	115	14	852	1,044
	5.5%	0.6%	11.0%	1.3%	81.6%	100%

(単位：人)

（出典：厚生労働省「平成28年度使用者による障害者虐待の状況等」（プレスリリース）

　2017年7月26日、厚労省公表の「平成28年度使用者による障害者虐待の状況等」によると、通報を受けた虐待種別では、経済的虐待852人（81.6%）、心理的虐待115人（11.0%）、身体的虐待57人（5.5%）の順となっています。
　賃金など労働条件や環境に関する行為が最も多いのですが、それに続くものが、目に見える行為ではなく、他者の目にはわかりづらい心理的虐待やネグレクト等の放置・放任による虐待行為となって

います。これらは双方の意志疎通不全の中で起こりやすく、非常に捉えることが難しいものです。また、一度発生してしまうと、解決のために相当なる時間と労力が割かれるトラブルといえます。

◎障害者への虐待と差別とハラスメント

　障害者虐待と差別やハラスメントとの関係は現状では明確になっていませんが、その類型などから関係性はあると思われます。

■ 図表19　使用者（事業者）による障害者虐待の類型

類　型	定　義	具体例
身体的虐待	外傷、外傷が生じるような暴行、身体拘束	殴る、蹴る、叩くなど身体接触およびそれによる外傷、監禁や拘束
性的虐待	わいせつな行為	性的行為やそれに準ずる行為および言動
心理的虐待	暴言、拒絶的対応、差別的・心理的外傷を与える言動	怒鳴る、罵る、脅し、仲間外れ、子供扱い、人格否定、無視、嫌がらせ等の精神的苦痛
放置等による虐待	食事や医療等提供の放置、他虐待行為の放置	減食衰弱、長時間放置、虐待行為の放置、配慮や要望放置などのネグレクト行為
経済的虐待	財産の不当処分、不当に財産上の利益取得	最低賃金法違反、賃金および残業代未払い、年金等の財産搾取など

＜職場のパワーハラスメントの概念と類型＞

「職場のパワーハラスメント」の概念

「同じ職場で働く者に対して、職務上の地位や人間関係などの職場内の優位性を背景に、業務の適正な範囲を超えて、精神的・身体的苦痛を与える又は職場環境を悪化させる行為」

① 身体的な攻撃（暴行・傷害）

② 精神的な攻撃（脅迫・名誉棄損・侮辱・暴言）

③ 人間関係からの引き離し（隔離・仲間外し・無視）

④ 過大な要求（業務上明らかに不要なことや遂行不可能なことの強制、仕事の妨害）

⑤ 過小な要求（業務上の合理性なく、能力や経験とかけ離れた程度の低い仕事を命じることや仕事を与えないこと）

⑥ 個の侵害（プライベートなことに過度に立ち入ること）

（出典：厚生労働省「職場のいじめ、嫌がらせ問題に関する円卓会議ワーキンググループ報告」2012年1月30日）

＜障害者虐待の類型とパワーハラスメントの類型の類似性＞

〇身体的虐待　……身体的な攻撃

〇心理的虐待　……精神的な攻撃、人間関係からの切り離し、
　　　　　　　　　　過大および過小な要求、個の侵害

〇放置等の虐待　……過小な要求、人間関係からの切り離し

　障害者の虐待と職場のパワーハラスメントには類似したところがあり、虐待行為は「パワーハラスメント」としても捉えることができます。また、障害を理由にした権利侵害であると捉えられるほか、

不利益を被ることになると差別とも捉えられる可能性があります。

　実際にあった事案として、受入部署も担当業務も決めずに入社させて、いつまでも放置していたり、職場をたらい回しにするといった行為や、本人からの配慮の申出にもかかわらず、いいかげんな返事しかせずに対応を先送りしたり、無視して取り合わないという行為が報告されています。

　このほかに「あなたばかり相手にできない」「当たり前のことを聞くな」「言わなくてもわかるだろ」「察して動くように」「それは常識だ」という上司からの発言もありました。これらは不適切な行為・暴言であり、障害特性を無視した言動になります。

　虐待・差別・ハラスメントの関係性がまだ明確になっていませんが、今後も障害者雇用が進み、発達障害者が知識も理解もない職場に配属され、お互いの意思疎通を欠くと、虐待や差別の事案が増していくものと予想されます。発生すれば職場や組織にとって大きなダメージともなりえます。そのためにも、早いうちから職場内での認識共有と対応策を整えていく必要があります。

第4章

発達障害者雇用の
Q＆A

1	日常業務での対応

Q1

　毎日の作業で平均的な一人分の量を用意していますが、他の社員の作業の半分の時間で終えてしまいます。先に作業を終えてしまうので、手すきの時間をうまく過ごせないようですが、どのように対応したらよいでしょうか？

Ⓐ　集中力の高い人はわき目もふらず作業に没頭するので、平均的な時間よりかなり早く作業を終えてしまうことがあります。また、発達障害のある人は手すきの時間の過ごし方がわからない人がいます。毎日の作業に加えて、急ぎではないけれども手の空いている時に行う作業も用意しておくとよいでしょう。

① 集中力について

　発達障害のある人には過集中する人が多いことが知られています。仕事に乗ってくると長時間集中してしまいます。長時間過集中が続くと疲れているはずなのですが、本人は疲れていることを感じにくいという特性があります。個人差はあるものの、他の人より早く作業を終了しますが、作業スピードは早くてもミスが多いことがあります。

② 手すきの時間の過ごし方について

　発達障害のある人は構造化されていないことが苦手です。発達障害のある人の中にはすべてスケジュールが決まっていると安心して過ごすことができるという人が少なくありません。1日の就業時間を通し

て、切れ間なく仕事がある状態がベストですが、担当業務により1か月、あるいは1日の中でも時期や時間帯によって仕事の量の波がある場合、手すきの時間を過ごすことが大変苦手です。

　就労経験が長い人は仕事がない時間を過ごすことも仕事のうちと考え、この機会に普段は手を付けられない作業を進めようとすることができます。ある職場では手すき時間対策として、職場全員の予定表にその日の予定を記入しています。午後に手すきの人は午後の欄に○印を付けておきます。手すきであることを申告しておくと、担当以外の業務をその手すきの時間に割り振られます。手すきの時間を埋めるために、周囲の人たちに「何かお手伝いできることはありますか？」と聞いて回ることができる人もいますが、このような仕組みを作っておくと、意思表示がしやすいでしょう。

Q 2

仕事上のミスや忘れてしまうことが非常に多い社員がいます。発達障害と思われるのですが、診断を受けてもらうには、どのようにすればよいでしょうか？

Ⓐ 社員への業務上の指導は適切な方法で行います。発達障害の傾向が見られるのであれば、特性への対応を意識して指導を行うと改善が見られるでしょう。診断を受けてもらうことについては、本人が認識していない段階で個人に伝えるのはあまりに性急です。本人の自覚がないのであれば、プライバシーにもかかわりますので慎重な対応が必要です。

　前段階として全社員に対し、企業としての合理的配慮の提供に関する姿勢を表明することが必要で、対応を行うことを全社員に対して伝えることからスタートします。

第4章　発達障害者雇用のQ&A　127

そして、当該社員をはじめとする個々の社員の状況を確認することから取り組んでいきます。診断を得てからは合理的配慮の適用対象として対応します。

① 本人の認識の確認と対応

　当該社員への対応は面談により、職務遂行における問題の発生について悩みや不安を抱えていないかどうかも確認します。業務以外にプライベートの悩みがあると業務に影響が出る場合もあります。プライベートな悩みについて話を聞きますが、対応は管理職としての職責上の範囲内にとどまることを示しておきます。

　ミスの頻発等について本人の認識があるのなら業務上の課題を解決するためにはどのようにしたらよいかを話し合います。まず、度重なるミスや行動について、穏やかな態度で具体的に指摘し、本人の理解の程度を確認します。本人に自覚のない場合、業務上でうまくいっていないマイナス面を問われることになりますので、本人としては指摘を受け入れにくいかもしれません。そのため、管理職として本人の勤務態度や数多いミスを大変心配していることを伝え、今後の業務について改善を求める方向で話し合いを行います。

　管理職による面談は本人の不安や悩みを一緒に考え、改善の機会、よりよい方向に向かうための契機であると意識させる必要があります。本人の不安や気持ちの落ち込みが大きい場合は、専門家によるカウンセリングや産業医との面談を提案します。

② 専門職の活用

　本人が専門職への相談を希望する場合は、産業医との面談を設定します。産業医面談の結果から、専門医の診断が必要ということになれば心療内科や精神科などメンタルヘルス疾患の専門医にまでたどりつ

くかもしれません。

　成人の発達障害を診断できる専門医は限られていますので、どの医療機関のどの専門医にかかればよいのか、具体的な受診先を紹介してもらうとよいでしょう。専門医の診察では不安などの精神症状を確認します。また、一般的な既往歴、家族歴以外に生育歴などをしっかりと確認して、診察を経てさまざまな検査（心理検査も含む）を行います。発達障害の診断はすぐになされる訳ではありません。

③ 診断を受けたら

　発達障害と診断されたら、就業継続のために業務上の課題を改善する方法を考えて、それに向けた対応を取らなければなりません。本人が診断結果を受容し、特性を受け入れて前向きな姿勢で就業を継続することを考えるようになるまでは、少し時間が必要です。自分の特性を知り、特性をカバーするためにどのような工夫をして改善していくとよいのか、これから学んでいかなければなりません。

　発達障害の特性を理解するためには障害者職業センターの発達障害者就労支援プログラムなどの受講も有効な方法の一つです。

④ 適切な配慮

　障害者差別解消法や障害者雇用促進法では、障害を理由として雇用に関して不当な取扱いが行われることを禁止しています。発達障害の診断が出た場合、職場での合理的な配慮の提供を検討しなければなりません。

　本来、合理的な配慮は本人の申出から提供についての話合いが行われますが、診断がついたばかりでは本人の障害受容は十分とはいえないでしょう。どのような工夫や配慮により、就業上の課題が改善されるのか双方で話合いをしていくことになります。合理的配慮

第4章　発達障害者雇用のQ&A　　129

があればすべてが改善される訳ではありませんが、面談を通して、本人の状態を見ながら支援を進めていきます。

　会社側が合理的な配慮を提供しても、業務を適切に遂行できない場合も考えられます。そのような場合には、面談の機会を設け、その都度話し合っていきます。

⑤ 診断がつかなかった場合

　診断の結果、発達障害の傾向はみられるが、極めてグレーゾーンであり、診断には至らないというケースもあります。この場合は業務の遂行にあたり、発達障害の傾向があることを踏まえた対応を取ると効果が出るでしょう。

　面倒見のよい社員の下に配置することや、当該社員がわかりやすいように指示やアドバイスを行うことで効果があるかもしれません。

　発達障害のある人への対応を以下に抜粋します。

●仕事の進め方
・作業マニュアルやスケジュール表をつくる。
・仕事の量と質を確保する目標設定をする。
・複雑な作業は工程を細分化する。
●コミュニケーションの取り方
・あいまいで抽象的な表現はさけ、具体的に伝える。
・マナーや慣習もわかりやすく示す。
・指導や注意はできるだけおだやかに。

出典：星野仁彦『私は発達障害のある心療内科医』（マキノ出版）

　本人は一生懸命やっているつもりなのに、なぜかうまくできない社員の場合、ちょっとした工夫で状況が改善されることがあります。他

の社員のサポートでカバーされることもありますが、スケジュール管理の対策としてのツールを活用する他、作業のポイントを具体的にアドバイスすることで改善されることがあります。発達障害のある人が仕事をする上での工夫例を数多く紹介する書籍が出版されていますので、参考書として紹介してみるのも一つの方法です。

....

【参考図書】　對馬陽一郎『ちょっとしたことでうまくいく　発達障害の人が上手に働くための本』（翔泳社）

Q3
いくら注意しても机の上が片付けられません。

Ⓐ 発達障害のある人の中には片付けが苦手な人がいます。いつの間にか机の上の書類や資料のコピーの山ができてしまいます。段取りを考えることや選ぶことが苦手な発達障害のある人は、どれを捨ててよいのか判断がつかず、結果として大量の書類の山を作ってしまいます。対応策としては、分類と整理をシンプルな方法にすること、きれいに整理された状態が目に見えるようにしておくことです。また、根気よく片付けを促しましょう。

① 整理整頓が苦手な訳
　整理整頓には段取り力が必要です。どう分類し、どこにしまうか考えなければ進められません。先の見通し、予測が苦手であるため、この資料は「不要」、あるいは「なくても大丈夫」のように判断ができないので、物が捨てられずに溜まってしまいます。
　発達障害のある人の中でも ADHD タイプの人に片付けられない人が多いといわれています。机の中や上がゴチャゴチャな状態であるた

第4章　発達障害者雇用のQ&A　131

め、収納した場所、置いた場所がわからなくなり、いつも探し物をすることになります。集中できないこと、気が散りやすいこと、思い出すことができないこと、衝動的に行動してしまうこと、などの特性が影響しています。

　一方、ASD タイプの人は分類を始めるとその作業に集中してしまいます。しかも、分類が果てしなく細分化していき、延々と時間をかけても何一つ片付かないということになることがあります。

② 書類の整理　単純化と構造化

　片付け術などにもあるようにファイルの分類には３つのボックスを活用します。ボックスには「いる」「いらない」「わからない」というラベルを貼ります。さらにミスをなくすために色付きのファイルボックスを使用するとよいでしょう。

　「いらない」ボックスの資料はシュレッダーにかけ、廃棄処分します。発達障害のある人の中には心配性の人がいて、不要な資料をシュレッダー処理するのさえ、間違っていないだろうかと不安になる人がいます。些細な作業でも本人にとっては勇気のいる作業になりますので、作業を始めるときに声をかけてあげると、安心して作業に取り組めるでしょう。

　そして、次に「いる」ボックスの資料はファイル別にラベルを付けます。見出しを眺めて書類を探し出せるように、視覚化することは有効です。「わからない」ボックスの資料は、時間があるときに要否を再考し、「いる」「いらない」のいずれかのボックスに移します。また、保存期間を決めておき、その期間に１回も使わなかったら不要な資料と判断する方法もあります。

　整理整頓ができないという点においても、ある程度の対策が可能です。ポイントは、複数のことを同時並行で行わないことです。例えば、

「選ぶ」「捨てる」「並べる」の作業はどれか一つだけを行い、一つ終えたら、次の作業を行うというように、区切りながら単純化して作業を行うことで効果が見込めます。「1年間に1回も使わなかった資料は1年経ったら捨てる」とあらかじめ決めておくと判断がシンプルになります。

③ パソコンのファイルの整理
　紙の資料と同様にパソコン画面上のフォルダやファイルも整理できない人がいます。カテゴリー分け、フォルダ分けが苦手な特性から起こります。整理できないことと「置いたら忘れる」という特性から、デスクトップは大量のファイルだらけ、ということになりがちです。
　フォルダ名に適当な名前を付けてしまうと、あとで必要になっても検索できません。必要なファイルを探し出せないことも仕事に時間がかかりすぎている理由の一つかもしれません。ファイルに関しても「年月日＿タイトル名」というように作成日とタイトル名でシンプルに名付けることを教えます。
　紙の資料、パソコンのファイルに加え、メールも整理できない人がいます。新入社員の場合は早いうちにメールの整理の仕方を教えましょう。仕分けの教え方は、実際のパソコン画面上のフォルダや実際のメールのフォルダを見せながら分け方のルールを説明しましょう。

④ 教えるときは
　効率よく仕事を進めるためには、紙の資料、パソコンのフォルダやファイルなどを素早く整理することが大事であると教えます。きちんとルール付けをすれば整理整頓できるようになります。「何回言ってもわからない」とあきらめることなく、繰り返し整理整頓の重要性を指摘してください。時間はかかるかもしれませんが、ルールを認識す

第4章　発達障害者雇用のQ&A　133

ればきちんとできる人たちです。机の上、引出しの中、パソコンのファイルなどの整理は次第にできるようになります。

Q4

就業時間中にインターネットばかり見ています。どのように注意すればよいでしょうか？

Ⓐ 仕事のない手すきの時間を過ごすことが苦手な人は少なくありません（理由は 126 ページ参照）。てっとり早く時間を費やす手段として、インターネットを利用してしまう人がいることは想像できます。インターネットの利用に関して職場のルールがあれば、それを適用します。その社員だけの問題であれば、個別面談で話合いを行います。ルールがなければ、あらたにルールを作成し、職場全体に周知します。

① 注意の仕方

　発達障害のある人は仕事が途切れ、手すきの時間を過ごすことが苦手です。手すきの時間を自分で考えて自由に過ごせないという特性があるならば、本人から話を聞き、担当業務の内容、量等について確認します。

　注意することは、職場のメンバーの前ではなく、別室に呼んで話を聞くことです。話を聞く場合には常に穏やかな態度で接するほか、あいまいな表現を避け、具体的に伝えます。

　手すき時間が多いことが確認できたならば、急ぎではなく、手が空いているときに行う作業などを切り出せるとよいでしょう。すぐに任せられる作業がないときは、手すきの時間の使い方を本人と話し合います。

② インターネットの利用について

　社会人であれば、一般常識として就業時間中は業務以外の個人的な関心や興味でインターネットを利用してはいけないと知っています。しかしながら、発達障害のある人は、一般常識に疎く、自分の作業がない時間に私的にインターネットを利用してはいけないことを、教えてもらわないと気付かない人がいます。

　社内ルールがあり、説明を聞くと、納得し、ルールに従うでしょう。社内ルールがない場合は、他社での重大な事故例やリスクを説明します。ウィルス感染や企業の有する情報の流出・漏えいのリスクから、私的なインターネットの利用を禁じている企業が多いこと、また、防止策として閲覧履歴の保存や利用状況のモニタリングを組織全体で行っている場合があることを説明し、私的な利用の自粛を促します。

Q 5

　仕事中の携帯電話（個人所有物）の使用が目立つようになりました。就業中には使用しないというルールが必要だと思います。

Ａ 仕事中の私的な通話やメール使用は、業務時間中にもかかわらず労働に専念していないということになり、労働契約上の基本的な義務にも反しています。一般的には業務中の携帯電話（個人所有物）の使用を禁じて構いません。

　ただし、発達障害のある人の一部で携帯電話がツールとして必要になる場合があります。勤務時間中の使用については個々の合理的配慮の一つとしてお互いに話し合い、取り決めます。

① 勤務時間中の携帯電話の使用について

　私用通話やメール使用、インターネットの使用は、勤務時間中は慎

第４章　発達障害者雇用のQ&A　135

むべきものです。また、会社で使用を規制している場合は、勤務時間中には個人のロッカーや机の引出しに携帯電話を保管し、手に取ることを禁じている企業は少なくありません。携帯電話とインターネットとの融合により、写真撮影などが情報漏洩の手段ともなりうるため、職場での携帯電話の使用を禁じている企業があります。そのようなルールがある職場で、実際にそうした行為を行っている社員が存在し黙認されているとすれば、人事管理上非常に問題のある事態と捉えられます。

② 発達障害者の携帯電話利用例

　発達障害者の中には自らの特性により、仕事上で携帯電話を利用したい場合があります。それは、電話やメールの個人的な利用とは異なります。どのような場合に利用しているかを紹介します。

◎ 学習障害のＥさん

　軽作業系の業務に従事していますが、勤務する職場ではパソコンを使用していません。業務上、伝票や日誌の記入などちょっとした筆記が必要なことがありますが、Ｅさんは知的に遅れはないものの、漢字を書くことが苦手です。日常生活では携帯電話の画面にひらがなで言葉を入力し、変換された漢字の中から適切な漢字を選択して記入しています。携帯電話が利用できなければ、Ｅさんはひらがなで記入するしかありません。

◎ ADHD のＦさん

　ADHD、アスペルガー症候群の人たちの中には「過集中」といって過剰に集中してしまうことがあります。しかし、集中し過ぎると自分の行動をコントロールできなくなってしまいます。過集中の状態が

136

長く続くと自分は感じていなくとも疲労していますので、ミスが多発します。その状態がさらに続くと体調を良好に保てなくなることがあります。

　Ｆさんは事務職としてパソコンによるデータ入力や資料の作成などを行っていますが、ADHDの特性への配慮として、規定の休憩時間以外に短い休憩をさせてもらう許可を得ています。Ｆさんは休憩時間を一人で静かに過ごしたいので、他の社員の方々の休憩とは時間をずらしてもらっています。休憩を取ることさえ気付かないくらいに集中してしまうことがありますので、気付くための注意喚起として携帯電話のアラーム（振動）機能を使用しています。

◎アスペルガー症候群のＧさん
　Ｇさんは気圧の変化により体調に影響を受けやすいところがあります。気圧の変化に敏感で、実際に気圧が変化し始める前に体調不良を感じます。そのため、自分の体調不良の原因となる気圧の変化を予測するアプリで気圧の変化を確認しています。

　発達障害のある人には感覚過敏のある人が多いことが知られていますが、視覚過敏や聴覚過敏など比較的わかりやすい過敏性のほかに、Ｇさんのように気候や気圧の変化に弱いなど一見理解しにくい特性があります。このアプリによって気圧の変化の予測が可能になったため、早い段階で自身の体調不良の兆しを知り、安心することができるのです。

　Ｇさんの職場では、勤務時間中の携帯電話の使用は禁じていますが、この気圧予測アプリを見るときには、あらかじめ断ってから使用することというルールを交わしました。そのためＡさんは今から「携帯アプリで気圧の変化をチェックします」と申し出て、許可を得た上でアプリを利用しています。

第4章　発達障害者雇用のQ&A　　137

Q 6

　発達障害のある社員の話が長く、個人面談が予定していた時間で終わりません。プライベートなことについても延々と話し続けるので困っています。

Ⓐ 発達障害のある人の中には自分が思いつくままに話し続け、自分の伝えたいことを要約して伝えるのが苦手な人がいます。面談は事前に予告し、あらかじめ終了時間を伝え、面談を始めましょう。予定の時間までに話が終わらないと思ったら、「あと５分で終わります」と予告します。次回の面談実施予定についてもアナウンスしてください。

① 話が長い特徴

　発達障害の中でも ADHD タイプの方の特徴として、思いついたことを後先考えずに話してしまうことがあります。元々ストレス耐性が低く、かなりの心配性で、強い不安に囚われやすいところがあります。心配や不安など自分の感情をコントロールすることが苦手です。気分の激しいアップダウンにはなかなか自分で対処しづらいところがあります。

　また、基本的な特性として衝動性がありますので、自分の言いたいことや興味のあることを一方的に話し続けます。さらに、発達障害のある人の中には要約して話すことが苦手な方が少なからず存在します。いろいろなことを頭の中で順序だてて、あるいは理路整然と話すことが苦手であるため、思いついたままに話し続けてしまいます。

② 線引きが苦手

　一般に職場での話題は仕事に関することが中心で、あまりプライ

138

ベートな内容には触れないものですが、発達障害の人の中には仕事と
プライベートの線引きが苦手な人がいます。そのため、仕事のことだ
けではなく、プライベートなことも思いつくままに延々と話し続けま
す。

　面談時間を過ぎてしまい、途中で遮られて話し終えなかった場合、
自分の想いをすべて伝えることができなかったという不全感が残って
しまいます。不全感を取り除くためには、次回の面談の実施予定日を
決めておきましょう。次回の面談の日程が決まっていることで安心す
ることができます。

Q7
雑用をやりたがらないことがあります。どのように対応すれ
ばよいでしょうか？

Ⓐ 発達障害のある人はやるべきことが明確で、しかも自分が確実に
　遂行できることがわかっていると安心して取り組むことができま
　す。作業の手順書やマニュアルがあれば、その資料を読み、手順を
　確認しながら進められるので安心です。一方で、特性上、どう努力
　してもうまくできない作業もあります。苦手な作業にもチャレンジ
　させるのであれば、作業手順を丁寧に説明し、本人の気持ちに負荷
　がかからないようにしてチャレンジしてもらいます。

　発達障害のある人の中には手先の不器用な人がいます。その作業が
できない人もいれば、できても一般のレベルより、著しく出来栄えが
劣り、時間がかかることがあります。特に指先を使っての細かな作業
が苦手です。例えば、字を書くこと、文房具を使う作業が苦手な人が
見受けられます。鋏がうまく使えない、定規を押さえられない（ずれ

第４章　発達障害者雇用のQ&A　　**139**

てしまう）、消しゴムで消すと、力の調整ができないので紙が破れて
しまうなどがあります。靴ひもを結べないということもよく聞く苦手
なことの一つです。オフィス内でのちょっとした作業で苦手感のある
作業は次のようなものです。

・伝票を揃えて、ホチキス止め
・書類をファイリングする際のパンチによる穴あけ
・大量の資料のスキャニング（電子化）
・大量の紙の裁断

　このように指先を使うことと、道具を使う場面で苦手さを感じる人
がいます。元々その作業自体に苦手感がありますから、作業を依頼さ
れても、「うまくできなかったらどうしよう」という不安から、気軽
に引き受けにくい人も少なくないと思います。社員一人ひとりの特性
を理解し、どのような出来上がりにするのか、丁寧に説明し、他の業
務が手すきの時に、時間の余裕を持って依頼してみてください。自分
の苦手な作業がうまくできた時には、不安が解消され、経験を重ねる
うちに苦手感は減少してくるでしょう。

Q 8

　発達障害のある社員が指示命令と異なる勝手な解釈で仕事を
進め、ルールも守らず周囲に迷惑をかけ、秩序を乱しています。
何度注意しても改善する様子がありません。どうすればよいで
しょうか？

Ⓐ 行動の根拠や本人の考えを聞き出し、原因を見出しましょう。ま
　た、障害特性によるコミュニケーション不全や社会性の欠如などが

根底にあるかもしれません。職業適性検査や障害特性の再認識が必要となり、指導や対処方法も再検討しなければならないかもしれません。

① 障害特性による職場不適応

　障害特性が起因し、コミュニケーション能力の弱さや衝動・多動性、こだわりの強さ、未熟な社会性により、慮外な言動を取ることがあります。自覚がなく思うがまま行動を取っている場合や、反対に事の次第は自覚していても、特性の強さやメンタル面の不安定さもあって自分では十分にコントロールできないことがあります。

② 環境改善と障害特性の再認識

　仕事そのものも含めた外的要素（職場環境、指導等関わり方、就業スタイルなど）をすべて見直していくことで、障壁となっていたことが見えてくるかもしれません。また、これまでわかっていなかった障害特性が今の環境で表出したのかもしれませんから、障害特性を再度見直すことも必要となります。専門性が要求されますので、障害者職業センターのカウンセラーを交えて相談するとよいでしょう。

③ 時間を要する特性の自己受容

　発達障害のある人の物事の習得方法は、健常者が自然に覚えるようにはいきません。個人差はあるものの、仕事の進め方を自分なりに落とし込み、順応するまでにそれ相当の時間がかかります。そのため、一般的に考えられる指導・教育に費やされる時間と同じ尺度で捉えるのは無理があります。特性故の困難さがありますので、じっくり時間をかけることを念頭に置きます。

第4章　発達障害者雇用のQ&A　141

Q9

パニックになってしまったら、どのように対応すればよいで
すか？

Ⓐ 発達障害のある人のパニックは、突然怒鳴られた時や、お客様か
らのクレームなどにうまく対処できなかった時、予想しない急な変
更があった時に、不安が増大し気持ちの高ぶりに対処できないため
に起こることがあります。静かに一人で過ごせる場所に移し、落ち
着くまで見守ります。

　不安な時の行動は個々に異なり、独り言を言いながらぐるぐると歩
き回り、大きな声を出してしまう人もいるかもしれませんが、困って
いても誰かに相談するなど助けを求めることができず、動作がフリー
ズしてしまうなどがあります。自分なりに対処方法を知っている人は、
「深呼吸をする」「席を外して、休憩室や自販機のある場所に行き、お
茶や水などを飲む」などを行うことにより気持ちを切り替えます。いっ
たんその場から離れることが気持ちの切り替えに結び付きやすいで
しょう。

　パニックになった時の状況を「急な予定変更や業務変更が伝えられ
たとき」と仮定してみると、自分の一日のスケジュールが決まってい
るのに、急な予定変更を告げられて、自分のスケジュールをどのよう
に調整したらよいかがわからず混乱してしまう、作業の変更を指示さ
れたが、その作業の指示の内容がよく理解できないなどが考えられま
す。そうするとスケジュールや作業の変更を告げる場合には、なるべ
く早めに告げることが大事だということになります。そして、ちょっ
とした作業の手順の変更等があるときには、わかりやすく、具体的に

142

丁寧に説明することを心がけることで、発達障害のある社員の不安を軽減するようにします。

　環境の変化等に起因せず、一人で作業している時に作業を間違ってしまった、あるいは資料や道具を紛失してしまった等の理由でパニックになる人がいないとも限りません。パニックのような症状が見受けられたら、落ち着かせて、不安なこと、困っていることを聞き、対応策を一緒に考え、示してあげます。

Q10

昼休みをいつも一人で過ごしています。ランチに誘わなくてよいでしょうか？

Ⓐ 発達障害のある人の中には、雑談が苦手なこともあり、大勢の人と一緒に過ごすと気疲れしてしまうため、昼休みは一人で過ごすことを好む人がいます。いつも一人で過ごしたいのか、たまにはランチに誘ってもよいのか、本人の気持ちを率直に聞いてみます。

◎ 一人で過ごしたい理由

● 雑談が苦手

　少人数ならよいのですが、大勢の人（個人差がありますが、２〜４人以上）とランチに行くと、次々に交わされる会話についていくことが難しくなります。また、昼どきの忙しい店の喧騒の中で、皆の会話を聞き取り、その内容に適切に反応しなければならないことは発達障害の人にとって大きな負荷がかかります。

● 食べることと話すことを同時にできない

　食べるときには食べることに集中し、話すときには話すことに集中したいという人もいます。雑談に対応することに加え、同時に食事も

第４章　発達障害者雇用のQ&A　143

しなければならないのは、発達障害のある人にとってハードルが上がります。

● その他の理由

　発達障害のある人の中には偏食も少なくないようです。食べられる物の種類が非常に少ないため、昼食は自分の好きな物を気兼ねなく注文したいという人もいます。また、毎日の昼食を同じお店の同じ席で同じメニューを頼み、決まったスケジュールがあることで安心する人もいます。

● 自分のスケジュールどおりに過ごしたい

　昼休みは午前中の業務の振り返りと午後の業務の準備に時間を費やしたい人もいます。昼休みの過ごし方もすべてスケジュール化されていることもあります。面談の際に一人ひとりの昼休みの過ごし方を確認しましょう。

　毎月1回と決めて、チームメンバーで外食することも、コミュニケーションを取り、お互いを知る方法としては有効です。「自分から話題を提供しなくてもよいし、聞き役で構わないのだから」と誘ってもらえると、安心して参加できるのではないでしょうか。

Q11
飲み会に誘ってもよいでしょうか？

Ⓐ 発達障害のある人の中には雑談が苦手な人がいます。また、大勢の人と一緒に過ごすことが苦手な人もいます。飲み会の開催を本人に伝え、参加するかどうかを直接聞いてみます。

① 飲み会が苦手な訳

　仕事上の目的のある会話は問題ありませんが、目的のない会話、つ

まり雑談を苦手とする人は少なくありません。1対1の会話やコミュニケーションには問題のない人でも、宴席で複数の人が同時に話すような環境では、次々と交わされる会話に追い付いていくことが難しくなります。それぞれの人が何を考え、どのようにしたいのか解釈が追い付きません。短期記憶が弱いこともあり、話の流れがわからなくなり、ついていけなくなります。そうなると、自分の意見をタイムリーに言うことは難しくなりますし、会話での情報をまとめきれません。

　人によっては、雑音が混ざって聞こえづらく、情報が頭に入らないなど、聞き取りの弱さの影響もあります。聴覚過敏のある人は店内の喧騒を苦手と感じるかも知れません。静かな店で、お互いよく知っているメンバーばかりの、少人数の飲み会であれば安心して参加できる人も多いでしょう。

② 大勢の人と一緒に過ごすと疲れる

　相手の感情を読み取るのは苦手な発達障害のある人が、大勢の人と一緒に過ごすと気疲れしてしまいます。場の雰囲気に乗りきれず、自分自身の発言をどのタイミングで行えばよいのかわからなくなることがあります。中には、飲み会を職場での必要な行事と考え、参加はするのですが、自分から話題を提供するのは苦手なので「聞き役」に徹するという人もいます。反対に、飲み会が大好きなタイプの人もいます。

　飲み会は職場のコミュニケーションを潤滑にするための大事なイベントですが、個々の苦手さに配慮し、無理強いをすることなく、発達障害のある人、一人ひとりの気持ちを尊重するようにします。

2 採用と配属での対応

Q12

障害者を募集する場合にはどのような方法がありますか？

A 一般求人と同じようにさまざまな媒体が利用できます。ハローワークを始め、インターネットを使ったマッチングサイトや求人サイト、民間の人材サービス会社などを活用することができます。学校や、訓練機関、就労支援機関からの採用もあります（**図表 20、21**）。

■ 図表 20　主な障害者求人方法

	無　償	有　償
職業紹介	ハローワーク	人材紹介会社
面接会・説明会	ハローワーク	人材紹介会社
メディア媒体	—	新聞広告、求人折込み
インターネット	ホームページ	求人サイト
Web サービス	—	Web マッチングサイト

■ 図表 21　主な公的支援機関

	公的支援機関名称
相　談	ハローワーク専門援助窓口、障害者就業・生活支援センター、発達障害者支援センター
訓　練	障害者職業能力開発校、就労移行支援事業所
生活支援	障害者就業・生活支援センター、相談支援事業所
定着支援	地域障害者職業センター

① ハローワーク

　障害者の採用はハローワークが最大の窓口です。障害者等を担当する専門援助部門があり、障害者枠での求人情報を出して人材を募ります。年間を通じて数多くの企業が参加する障害者就職面接会、ミニ面接会が開催されます。常日頃からハローワークに求人募集の相談をするほか、面接会の参加についても早めに相談をしておくとよいでしょう。

② メディア、インターネット

　新聞への求人広告掲載、求人情報誌や新聞折り込みチラシへの求人掲載など紙面媒体を使った求人活動が可能です。障害者人材専門のWebマッチングサービスや求人サイトも利用できます。これらは全国に事業所の多い企業にとっては有効な手段です。

　自社のホームページにも障害者雇用枠の求人情報を掲載して、障害のある人材を募っていることを周知します。

③ 人材サービス会社

　障害者に特化した民間の人材紹介サービス会社（一部派遣もあり）もあります。ハローワークの利用以外には、民間版の障害者就職面接会や企業との懇談会などを企画・運営している会社もあります。面接会が定期的に開催されるのは東京、大阪等の主要都市が中心です。

④ 特別支援学校、訓練機関、就労支援機関

　特別支援学校を卒業する生徒の就職活動解禁日は９月１日です。恒常的に特別支援学校の卒業生の受入れを行っている企業では、毎年６月頃に実習生を受け入れます。特別支援学校の生徒は２年次、３年次と実習を経験し、多くは実習先の企業に就職します。

障害者向けの公的な職業訓練校では、企業説明会としての位置づけで、求人を予定する企業の人事担当者が会社説明を行うことができます。

　就労移行支援事業所等、各地域の就労支援機関にも求人情報を案内しておきます。障害者の職業訓練校や特別支援学校に実際に足を運ぶことで、訓練内容や人材の動向などの情報が入手できます。

　就労移行支援事業所の場合は、運営母体によりプログラムの内容が大きく異なりますので、どのような業務を想定しているかによって、求める人材に応じた使い分けをするようにします。それぞれの事業所において職業訓練に特徴があり、例えば知的障害の利用者が多い場合は、清掃や菓子製造、製造ラインに近い組立作業、農業などを実施しています。また、精神障害の利用者が多い場合は、書類封函などの事務軽作業からＰＣ入力、業務文書の制作など事務系業務の訓練を行っています。さらに、Ｗｅｂ系プログラミングなどのＩＴ技術スキル習得やグループワークなどの対人関係構築を念頭に置いた、高度な訓練を行うところもあります。中には、就労に耐えうる心身を養うことを目的にして運動や体力作りを主な訓練としている所もあります。

　求める人材像に合わせて支援事業所と接することが望ましいです。

⑤ 募集時の留意点

　障害者雇用には採用のピークがあります。毎年ハローワークに障害者雇用状況報告を行う６月１日までに、障害者を雇用したいと考える企業は少なくありません。３月～５月は各企業の採用活動が活発な時期です。新卒を採用するのであれば、高校生、大学生の採用選考の解禁日に合わせた採用スケジュールを考える必要があります。地域や時期、採用する人材を考慮して採用活動を進めます。

⑥ 求める人材像と障害者人材の実情

　短期間の募集で終わらずに、募集活動を継続して多くの当事者を面接すると、障害者の人材像がわかってきます。障害者の総数は787.9万人ですが、障害者手帳所持者は479.2万人[*5]です。このうち65歳未満の手帳所持者は216.1万人、労働人口の年代に絞ればさらに少なくなりますから、条件にぴったりと合致する障害者に巡り合うことは稀有なことです。広域・長期的な募集活動で出会う機会を増やすことが望ましいでしょう。

....

[*5]　「生活のしづらさなどに関する調査」（患者調査）2011年 厚生労働省

> ### Q13
> 採用は支援機関からの推薦者のみを対象とするのでしょうか？
> 広く募集し数多くの候補者を募るべきでしょうか？

Ⓐ 障害者雇用といっても一般採用と変わりはなく、長く勤務し、戦力となる人材を雇用しなければなりません。支援機関からの推薦はアセスメントを得られるため、有効なチャネルですが、支援機関を利用しない一般就労経験者も少なくありません。多くの可能性の中から人材を選ぶことが望ましく、そのためにも募集の門戸を限定する必要はありません。

① 人材募集の考え方

　求人募集の方法に関する質問（146ページ参照）にもあるように、人材の募集に関しても、健常者と同じようにさまざまな可能性を持つ人材を多く集めた母集団を形成して選ぶことが望ましいです。大勢の応募者を面接することで、障害者雇用についての経験とノウハウが蓄

第4章　発達障害者雇用のQ&A　149

積されます。

② 支援機関からの採用

　就労支援事業所等から利用者（障害者）を推薦されることがあります。就労に必要な情報が蓄積されたアセスメントシートの提供により、雇用時の留意点がわかるほか、就職後の定着フォローも行ってもらえるなど、支援機関との交流には多くのメリットがあります。

　しかし、雇う側は採用することによって人材という財産を得ることになりますが、同時に人的コストを背負うことにもなります。そのため、採用選考ではアセスメントシートは参考にするものの、"社会"や"働く場"に適応できる人材であるかどうかなど、十分な精査を行わなければなりません。

　就労支援機関の中で最も企業就労に近い就労移行支援事業所は、運営や支援方針により訓練内容に特徴があります。例えば、軽作業系の訓練を行う所もあれば、一般企業への就職に向けた事務系の訓練を行う所もあります。そのため知的障害の人を対象とする事業所、精神障害の人を対象とする事業所など、集まる人材層が異なります。最近は発達障害に特化した事業所も現れました。また、時期によっても利用者数が異なります。ハローワークの面接会が開催される時期には次々と就職が決まっていきますので、就労支援機関を訪ねたとしてもすぐには求める人材が見付からないかもしれません。

　そして、地域によっても障害者の就労支援の取組み方が異なります。地域の就労支援機関ごとに面接の前に職場見学と実習を行うことをルールにする等、固有の慣習や方針があり、その枠組みの中で就労支援が進みます。就労支援の流れは外部からは見えにくくわかりづらいこともありますので、地域の支援機関と密に連携を取り、情報を収集しておきます。

③ 採用で求められること

　未経験あるいは就労経験の浅い障害者との接点が増えるに伴い、採用する側の力量も必要になってきます。一般の人材の採用面接で求められるスキル等はこれらの人材にはまだ備わっていませんので、人柄等から判断し、このように成長していくだろうという伸びしろを見越しての採用となります。しかも発達障害の特性も加味しなければなりませんので、採用については経験値が求められます。

　さらに、障害者雇用で採用しても職場に定着せず、離職にいたる場合もあります。短期間での契約終了者が多いと、障害者を採用しても定着しない職場と思われてしまうかもしれません。学校や支援機関は企業との信頼関係の下に生徒や訓練生を送り出しますので、企業は体制を整えて、覚悟を持って人材を受け入れる必要があります。

> **Q14**
> 採用の判断となる見極めとして、どのようなポイントがあるでしょうか？

Ⓐ 　一般枠での採用と同様に、想定している職務が遂行できるかどうかが採用の基準となります。しかし、「健常者と同様に戦力になり活躍してくれる人材」という採用基準には無理があります。基本的には、就労意欲とフルタイムで週5日勤務できる体力があるかどうかが重要なポイントです。さらに、本人の欲しい配慮はその職場で提供し得るものなのかということも、判断の一つに入ってくるでしょう。

① 面接での留意点

　面接では本籍地、家族状況に関すること、家族の職業・資産に関す

第4章　発達障害者雇用のQ&A　　151

ること、思想・信条に関することは聞いてはいけないとされています。障害を含めた健康情報については、事業者に課せられる社員への安全配慮義務もしくは健康配慮義務（労働契約法第5条）のためにも聴き取りが必要です。採用後に次々と配慮要請事項が出てきて、「事前に確認していなかった」ということのないようにしましょう。

メンタルヘルス面の病歴については、一般的に聞いてはいけないと思われていますが、障害とも関係が深く、就労継続への影響がないとはいえませんので、過去2年間と期間を区切った上で確認します。業務の遂行に支障が出ることもありますので、採用時の面接では、精神疾患を含めた過去の病歴を確認することが必要で、原則、認められています。

採用選考時の健康診断は避けることとされていますが、すべていけない訳ではなく、業務の目的達成に必要な範囲内では可能とされています。

家族状況や生活環境などの質問も禁止とされています。しかし、体調変化で家族のサポートが必要となった時のために、緊急時の連絡先を聞いてもよいか確認しておきます。

面接で注意しなければならないのは、過去の辛い体験がトラウマ（心的外傷）になり、面接中にその辛かった気持ちがフラッシュバックしてしまう人がいることです。本人が言いよどんだら、無理に過去の出来事を答えさせないようにします。基本的には、「●●について聞いてもよいですか」と確認してから質問するほうがよいでしょう。障害の程度や困難さなどは個々で異なります。同じ障害名だからといって、まったく同じ内容ではありません。環境や支援によっても障害特性の現れ方は変わります。想定していなかった障害特性が出現することもありますし、出現しても自分でうまくカバーできて誰も気付かないこ

ともあります。就労開始後は異なる現れ方になるかもしれませんので、最初に間違った思い込みをしないようにしましょう。

＜面接時の主な留意点＞

○健康情報以外の個人情報は、通常面接と同じく禁止事項であるため質問しない。

○就業継続に影響がないことを確認する目的として、過去２年間を目途に精神疾患を含む過去の病歴を尋ねる。

○緊急時の連絡先（保護者・支援者）を尋ねてよいか事前に確認する。

○障害等についての質問をする意図と目的を事前に説明しておく。

○過去の出来事を尋ねる場合、トラウマにより動揺するかもしれないので、答えにくそうならば無理強いしない。

○質問の回答に悩んでいるならば、回答の選択肢をいくつか列挙して、答え方をイメージしやすくする。

○本人が主体となって答えるように、同席する支援者には極力発言を控えてもらうよう先にお願いしておく。

○圧迫面接のように威圧感を抱かせないようにする。

○質問は短いセンテンスで、一問一答になるようにする。

○質問は、はっきりと明確に話す。

② 障害者面接に必要な人事スキル

　障害者面接では、デリケートな話なので聞きづらいと感じて、勤め続けるために必要な健康状態など、肝心なことを聞かない担当者がいます。聞かなかったことで、採用後にトラブルになることもあります。

第４章　発達障害者雇用のQ&A　153

困るのは配属先の職場ですから遠慮せずに聞きましょう。

　さらに、聞き出して確認はできても、それを評価できる担当者は多くいません。細かな評価には豊富な経験が必要となりますので、やはり障害や障害者の雇用管理等の知識を学んでおいたほうがよいでしょう。公的機関が主催する障害者雇用のセミナーや講習会に参加して基礎知識を備えておきましょう。

　もし雇用管理上で相談したいことが生じたら、地域障害者職業センターを利用できます。障害者職業センターは専門のカウンセラーやジョブコーチを配置し、障害のある人（就職・就業定着・職場復帰）と企業（障害者雇用を検討あるいは雇用中）の双方を支援しています。

③ 障害に関する質問

　本人の障害特性や通院・服薬、その副作用の状況、現在の健康状態、希望する配慮などを聞きます。特性に関しては、「得意なこと」、「苦手なこと」を具体的に聞き出します。発達障害のある人の中には特性から「読み」「書き」「計算」や手先の細かい作業が極端に苦手なことがあります。過去に起こった失敗談やトラブル事例、困難さを補うためにどのように対処しているかを詳しく聞きます。

　採用にあたっては、障害者が自分の特性を受容し、苦手なことを知り、苦手なことへの対応方法がわかっていることが基本です。就労歴があるなら、仕事上でのトラブルについて詳しく聞き、どのような対処方法を取れるかを確認します。

　他に診断判定に至るまでの経緯などわかる範囲で尋ねます。これらは今後起こりうる困難さの一部として捉え、対応策を検討します。障害特性を受容し困難さを理解していないと、自分の事を詳しく話すことはできません。

＜障害に関する代表的な質問事項例＞

○自身が持つ障害の特性について
○告知された時期、自身に違和感を覚えた時期、障害に気付いた
　時期
○医療機関で診断を受けた場合、診察に至ったきっかけや経緯
○現状の健康状態（生活リズムや睡眠状況も含む）
○二次障害の状況（心身の状況）
○障害に関係しての通院の有無、服薬とその副作用の状況
○これまでの生活・就業での事例（障害特性の影響と考えられる）
　・困って苦労したこと、辛かったこと、失敗談
　・得意とすること、好んで取り組めること
○職務遂行およびそれ以外で職場生活を送るために希望する配慮
○障害についての思い（今後、障害とどう向き合っていきたいの
　か）

④ 見極めのポイント

　一般枠での採用と同様に、障害者枠においても採用の見極めは容易
ではありません。優先すべきは職務遂行能力ですが、知識・学力や経
験だけを見るのではなく、特性による影響を想像しながら、業務等へ
の適性の有無を見るほか、配慮の程度を検討して、最終的に判断しな
ければなりません。

◎ 就業遂行能力（スキル、知力、経験）

　学力、知力、知識があると、戦力としての可能性を感じますが、あ
くまでも人材としての当事者の基礎の部分でしかありません。何がで
きるか、何が得意か、困難なことは何か、どんな支えが必要か、それ

第4章　発達障害者雇用のQ&A　　155

らを確実に聞き出して、想定している仕事ができるかどうかを検討します。

　就労経験がある場合は、具体的にどのような仕事をどういう方法でこなしていたかを詳しく聞きます。また、仕事をする上で苦しんだこと、困難だったことを話してもらいますが、苦手なことをどのように工夫してこなしているかを聞くことが大切です。

◎ 配　慮

　膨大な数の配慮を並べ求める人がいます。診断を受けたばかりの人は特性を気にするあまり、一時的に今までできていたこともできなくなってしまうこともあり、過度な説明になることがあります。受容が進むと次第に落ち着いてきます。反対に診断を受けた後も「配慮は必要ない」という人もいますが、これは障害受容が不十分な状態かもしれません。特性にもよりますが、配慮がまったく必要ないことはなく、本人が必要としなくても、周囲は多少の注意を払う必要があります。この場合、指摘しても素直に受け入れられるかどうかが懸念されます。配慮は雇用者の義務ですが、常に行き届くとは限りません。不備は絶対に許せないと固執する人は、周囲との関係を壊すかもしれません。

◎ 社会性と社交性

　多くの人と一緒に過ごしますので、職場内で望ましい立ち居振る舞いができ、ルールや指示命令を遵守できることが望ましいです。衝動性や多動性による不適切な言動がある場合、素直に注意を受け入れることができるか、理解して指示に従うことができるかも大事なポイントです。就労経験のない人の場合は、グループワークや実習等を含む就労訓練を一定期間受けているかも目安になります。

◎ コミュニケーション（意志疎通）

通常、コミュニケーションは挨拶など日常生活の中で交わされる会話と職務遂行などの目的を持って人と交わされる対話があります。職場では、指示命令や報告連絡など最低限の疎通ができないと、職務遂行上支障が出てきます。

障害特性により、流暢に言葉を使いこなす人もいれば、自分の想いをまとめて伝えることが苦手な人もいます。感情やこだわりによって、話の焦点がずれたり見えなくなったりすることもあります。そのほか、自分の思いを溜め込んでしまう人もいます。周囲の人がすべてを推し量ることは不可能ですので、自分の言葉で意志を伝えられることが望ましいです。

面接では齟齬がなく意志疎通できるかどうか、注意しながら質疑応答をしていきましょう。

Q15
どんな業務に適性があるかわからないので、複数部署を巡るような配置転換をさせる予定ですが、問題ないでしょうか？

🅐 募集時の職種と異なると、本人が混乱してしまうことがあります。基本的には当初の予定の職場に配属することが望ましいでしょう。複数部署を巡るような配置転換も、新しい環境になじむのに時間を要する特性を持つ発達障害のある人には向きません。

当初予定した部署に配属してみて、うまくいかないようであれば、他の配属先を検討します。ただし、実際に本人と接し、障害特性の様相が見えることで、可能性が広がってくることもあります。複数の配属部署を検討する場合は、採用に関わる面談の際に労働条件のみならず、「配属部署については一つの部署が候補ではなく、さま

第4章　発達障害者雇用のQ&A　157

ざまな業務で検討している」と仔細を説明して、本人の了承を得て
おく必要があるでしょう。さらに、職業安定法の改正を受け、募集
時の労働条件が変更となれば速やかな明示が必要となります。

① 配属先の決定

　書類だけでは見えにくかった人物像や特性も、面接を通じて経験・
スキル等も見て取れれば、職務の幅を広げる新たな可能性が産まれて
くることがあります。

　そのため、いくつかの業務に就いてもらって、その中から最もフィッ
トする職種を見出そうとする進め方は、障害のある人材を最大限うま
く活用していきたいという考えによるものであるとわかるのですが、
注意も必要です。発達障害のある人は先の見通しがわからないと不安
になりやすいので、採用前に十分に、雇用条件のみならず、職務内容
を伝え、了解を得ておくことは必須です。

② 適した業務の選択

　発達障害のある人に適した業務の選択は大変難しく、単にポストが
空いたからと、そこに配置するだけではうまくいきません。知識や経
験など素養があったとしても、障害特性により周囲が期待する能力が
発揮できないことがあります。配慮だけでは補うことができず、想定
していた職務を果たすことができない場合もあります。そのため、既
存の業務に充て込むだけではなく、1つの職務の細分化や、他の社員
の業務の切り出しなどを行い、当該社員に適した業務を創り出すこと
も重要です。予定していた業務でうまくいかない場合は、変更するこ
とを厭わないようにしましょう。

③ 適職の見極め

就労訓練でのアセスメントや適性検査などで、ある程度の職業適性を見出すことはできますが、実際には職場で仕事をすることで適職であるかどうか判別できるものです。障害特性の内容や程度だけでなく、その人が本来持つ資質、職場や家庭での生活、人間関係などの環境、指導・教育などが絡み合っての結果となります。また、経験や習熟という時間軸の関わりで、個々に出来・不出来は大きく違ってきます。

　時間をかけて指導を行っても、その業務の遂行が難しいのではないかと判断される場合、いつまでも見通しがつかない環境の中に置く訳にはいきません。やはりどこかで見極めをしなければなりませんし、その線引きを決めておかないといけません。後のトラブルにならないためにも、その見極めも双方で事前に取り決めておく必要があるでしょう。

Q16

　採用した人の障害について、社内のどの範囲まで開示しておけばよいでしょうか？

Ⓐ　障害者雇用の場合、職場はその障害について十分に把握、理解して配慮の提供の申出があれば双方が話し合い、合理的な配慮を行うことになります。その話合いの中で、職場の中に開示する障害の内容や部署等の開示範囲を決めることが基本になります。

① 基本的な障害情報の取扱い方

　障害を含む健康に関する情報は極めてデリケートでプライバシー性の高い情報です。ただし、障害のある人を雇用する際には、適切な配慮や支援が求められ、それに応えた環境で働くのですから、職場内で障害に関する情報を周知し、共有しておかなければなりません。

実際には、配慮を求めない人もいますので、職場全体に開示するところもあれば、ごく身近な関係者にとどめる等、個々に扱い方は異なっています。特例子会社のように多くの障害者を雇用する職場では、障害があるのは当たり前のこととして、情報はフルオープンです。基本的な考え方としては、本人の意向を尊重しながら、仕事に関わる範囲や業務内容と照らし合わせて、支障がないように双方が話し合って取り決めていかなければなりません。

② 障害情報の管理（共有と引継ぎ）

　個々の社員の障害や配慮など支援に関わる情報についての取扱い方も、事前に組織として決めておく必要があります。企業では人事異動や配置転換はつきものです。その際、情報の引継ぎがされなかった場合、雇用管理上のトラブルが発生するおそれがないとはいえません。実際に、異動に伴う情報の引継ぎが十分になされず、その後の対応の不手際や本人の不信感から離職に至ったケースも報告されています。

　人によっては、障害の開示は最小限の範囲で留めておいて欲しいと希望する人もいますので、本人の意向の確認・了承を経ずに職場の多数の面前で障害を開示されると、ショックを受けるばかりでなく、不信感を抱くことにもなります。反対に、支援に必要な情報を周囲に何も伝えておらず、本人の要望を放置してしまうと、結果的に配慮や支援が不十分になってしまうこともあります。

　これらは、障害のある社員の要望を無視したということになり、どちらも障害者虐待（心理的虐待、放置等ネグレクト）として捉えられ、通報される可能性があります。このようなリスクも考えて対処しなければならないのです。

Q17

初めて発達障害のある社員を受け入れます。部署内の社員に
どのように接するよう説明すればよいでしょうか？

A 同じ職場で働く同僚という立場で接することが基本です。ただし、
障害特性のために、業務を遂行するにあたって困難さがある場合は
サポート役を務めて欲しいと周知すればよいでしょう。

① 障害特性を知る

　受け入れる社員がどのような障害で、どのような特性があるのか、
それにより起こる困難さを具体的に説明し、どのような配慮を提供す
るのかを話しておきます。困難さは日常生活や仕事において起きやす
いことや過去の事例等を挙げて、より具体的に伝えておいたほうがよ
いでしょう。

　面接時にヒアリングした、本人から伝えられた障害特性やそれにま
つわるトラブル事例と希望する配慮を図表 22 のように取りまとめ、
それらから想像できるトラブルや注意点を追加し、周辺の社員に周知
します。また、支援機関を利用した場合に制作し提示されるアセスメ
ントシートの情報も共有して利用しましょう。

第 4 章　発達障害者雇用のQ&A　　161

■ 図表 22　ヒアリングした障害特性と関連情報の取りまとめ方

ヒアリング情報			面接者考察
障害特性	事例・エピソード	配　慮	
会話が覚えられない、記録力が弱い。	電話や会話についていけない、何を話していたのかは忘れてしまう。	メモを取るようにしている。仕事については文字情報にしたものがあればわかりやすい。	メモを取る時間が必要。複数人の会話や会議は議事録の明示や音声録音も準備すべし。ゆっくりした話し方や問合せの繰り返しも多いかもしれない。
コミュニケーションが苦手	雑談ができない。周囲の人への気疲れで倒れそうになった。	昼休みはクールダウンのためそっとしておいてほしい。	定時後を含めて必要以上のアプローチは避けるように周囲に通知すべし。行事等の最小限の声掛けに留める。後で相互確認しておくこと。
過集中になりやすい	無視していると思われたり、不愛想だとかやる気が見られないと言われた。	合図を送ってほしい。	就業時の過集中時の呼出や声掛けは可能かどうか？注意を向ける方法は？その効果の有無も要確認。

　発達障害の特性やその程度には個人差もあり、メディア等で言われている障害の知識があればすべて理解できるという訳ではありません。報道や書籍で得た情報だけに固執しすぎないように伝えておきますが、実際に本人に接していく過程で理解を深めていくものであることも添えておきましょう。

② 発達障害のある人との向き合い方

　本人は、私たちが考える以上に、見えない困難さを抱えているので、仕事だけでなく職場でのコミュニケーションや個人生活も含めてさまざまな所でつまずいている可能性があります。特に気負う必要はなく、事あるごとに声かけをして、積極的に言葉を交わすようにします。困り事や悩みを抱えていないか気遣うように、「見守る」姿勢で接する

ことが大事です。

仕事に関するさまざまな行為や段取り、手続きなど職場特有でローカルなルールや決め事などは、わからなくて当然ですので、その都度、丁寧に説明します。「ミスをしてしまったのか」と本人が動揺しないように、にこやかに率直に示してあげることが必要です。何度も示しているうちに、発達障害のある社員は自らのやるべきこと、立ち居振る舞い等も覚えていきます。

Q18

仕事以外での職場生活について、周囲から「どのように接すればよいかわからない」との声がありました。どのように伝えればよいでしょうか？

Ⓐ 基本的には、一同僚であり一個人として接すればよいのですが、障害特性により対人関係の取り方も違ってきます。本人が望む関わり方を聞き出すと共に、組織や職場内での立ち居振る舞い方を決めておくことが、お互いのためにもなり配慮にもつながります。

① 構築しにくい人間関係

一般的に、組織の中で働く社会人としての行動には、周囲の人との良好な関係性を考えた立ち居振る舞い、さらには職場固有のルールや慣習に合致する立ち居振る舞いがあります。社会経験からわかることもあれば、その場に臨んでみないとわからないこともあります。指示指導されることもあれば、失敗し苦い経験を通して学習することもあるでしょう。

発達障害のある人の場合、障害特性により人との距離感がわからず、周囲の雰囲気や相手の気持ち・考えを推し量ることもできない、さら

に考えすぎて見当違いな方向へ進み出してしまうなど、集団内では異質な存在として位置付けられてしまいがちです。

② 障害特性と場面に応じた対応

職場（79 ページ）、昼休み（143 ページ）、定時後（144 ページ）の付き合い方について対応の事例を挙げていますが、障害特性に応じた周囲の対応と本人に対する助言の両方が必要となります。

本人が望む形で周囲が動く分にはよいのですが、何も知らされないまま周囲が独自に動いていると、本人が疎外感を感じ、不安が募ると被害妄想を起こしてしまうこともあります。丁寧にコミュニケーションを取りながら、双方が理解に努め、心地よい関係性を構築するようにしましょう。

発達障害のある人との関係を良好に保つために、最も重きを置くべきことは意志疎通です。曖昧な表現をなくし、常に平静に接すること、相手の内に入り込み過ぎず、離れ過ぎずの適切な距離を保つことがポイントになります。

Q19

配属先の上司には、どのような対応をするように伝えればよいでしょうか？　上司が発達障害のある社員を管理指導するためには、何を意識しておくべきでしょうか？

Ⓐ 管理者は、仕事を遂行する上では障害の有無に関係なく、部下に指示命令を下し指導する職務であることは変わりありません。ただし、障害特性とその特性に起因する困難さに配慮した接し方や関係構築を心がけ、体調については常に注意を払わなければなりません。

① 障害特性と困難さの理解が基本

　まずは、障害に関する基本的な知識をしっかりと持つ必要があります。知識が不十分であると当該社員との関係構築がうまくいかず、意思疎通に問題を生じ、トラブル発生時の対処に問題が出てくるばかりか、職場定着を妨げてしまう要因になります。配属される当該社員固有の障害特性、それに伴う具体的な言動などの情報を事前に認識しておく必要があります。障害は、一人ひとり状況が異なるということを念頭に置いて対応します。

　発達障害のある人の中には、複数の特性を併せ持つ人も多く、例えば、ベースは ADHD でも ASD の傾向もある等と、複数のタイプの特性があることを医師から告げられている人もいます。そのため、一つのタイプだけを想定した対応等ではうまく対処できないこともあります。ステレオタイプ的な見方にならないように意識しておきましょう。

② 管理職として留意すべき点

　その障害特性に応じた職域の探し方、仕事の与え方、指示命令などの意志疎通の仕方等を、職務遂行のために取り決めておき、配属後はそのとおりに実践します。目標や指標自体は他の社員と異なるかもしれませんが、職務に関する実績評価については同じように率直に指導します。管理職として部下には分け隔てなく接し対応しますが、健常者にない特別な見守りが必要で、過不足なく向き合うというバランス感覚を意識する必要があります。

　忘れがちなことですが、管理職がキーパーソンとなり、障害のある社員と同じ職場で働く社員達が感じた点や、注意すべき点等の情報を収集し、障害の特性をゆったりと受け止め、よい所に注目し、ポジティブな情報を職場のメンバーに伝播・共有し合うことも大事なことです。

人事異動・配置転換等により、せっかくつかんだ情報が失われる可能性もありますので、支援情報として記録を残しておくことも管理職の役割となります。

③ これからの管理職スキルと課題

　現在、外国人、高齢者など多様な人材をさまざまな形態で活かすことが、企業に課せられた課題となっています。その観点から管理職のキャリア育成を考えると、備わってほしいスキルとして、多様な人材の指導育成・管理の能力が挙げられます。組織の人材育成思想の中にこれを組み入れていくことが今後の組織のためになるものと考えられます。

　多くの部下を抱えることになると、管理職一人で担うのは負担が多く疲弊しやすいので、経営・人事部門の担当者らが協力することが大前提となります。

Q20
　発達障害のある社員を管理する社員（管理職）から、「一人では面倒見ている余裕がない」と対応を求められました。どのような支援体制を作ればよいでしょうか？

Ⓐ 直属の上司は、障害のある人の定着には欠かせないキーパーソンであることは確かです。しかし、自分の担当業務を持つ一人の管理職に発達障害のある社員の指導のすべてを委ねることは負担が大きく、パフォーマンスに影響が出てしまう可能性もあります。複数名の支援チームを構成し、役割を分担したり正副担当を置いたりすることにより、負荷を分散させます。

① 管理職の負荷

　昨今の管理職は、プレイングマネージャーとして位置付けられることが多く、背負う責務が重くなっています。それぞれに個性も性格も異なる、複数の部下の管理や教育のみならず社内でもさまざまな役割を受け持っています。その上、発達障害のある社員の教育・指導に時間を割かなければならないとなると、さらに負荷がかかることが予想されます。多忙により、部下の管理に粗雑さが出たり、効率面から一様な対応になってしまう可能性も考えられます。

② 対応が疎かになると

　個人差はあるものの、感覚が過敏で、細やかな感覚を持つ当事者の場合には、上司のちょっとした対応にも敏感です。当事者本人から出る僅かなシグナルを見落としたり、雑な対応をしたりしてしまうと、本人は思い悩み、その結果として体調を崩してしまうこともあります。

　他の社員への指導であっても、不用意に多くの社員の面前で叱責すると、自分自身に向けられているものと思い込んで過剰に反応してしまうというような例もあります。そのため、本人だけではなく職場の誰に対しても、穏やかな態度で接することが大事です。

③ 職場内の支援体制

　発達障害のある社員を上司一人で指導・育成するのではなく、他のメンバーとのサポート体制を構築しておく必要があります。上司は主として本人に向き合い、不在時や仕事中のフォロー役として副担当を置き、部内では相談しにくいことの対応窓口として人事担当者も対応します。

　外部の支援を導入している場合は、各支援機関の支援者に当事者の相談窓口や職場側との橋渡し役としての役割を担ってもらうと、本人

にとって大きな安心になります。障害のある社員の指導経験がない場合、指導する社員自身も疲弊するおそれがありますので、外部支援者には担当社員のための相談役にもなってもらうように、幾重にもカバーする層を持つ体制を構築しておくことが望ましいです（外部支援については 88 ページ参照）。

④ チーム支援の利点

　発達障害の特性である認知・記憶能力の弱さの面から、職場のコミュニケーションにおいて齟齬が生まれることがあります。

　例えば、「結果に対する伝え方の良し悪し」や「言った・言わない」など指導上の疎通不和から、双方の間で軋轢を生じることがあり、一度不信感を持ってしまうと修復が難しい場合があります。チームのメンバー全員で認識を共有し、指導および関わり方を統一しておくことで、指導を受ける当該社員が安心して業務に取り組むことができます。

> **Q21**
>
> 　採用時に本人から申出のあった配慮事項以外にも、配慮すべき点がありそうですが、本人からの申告がない場合はどうすればよいでしょうか？

Ⓐ 合理的配慮の実施について、基本的には本人もしくは支援者等からの要請に応じて、双方の建設的な協議の上で取り決めて実施することになります。気付いた点があれば、提案という形で協議して取り決めればよいでしょう。

　多様で複雑に絡み合う発達障害の特性には、個人差があります。本人自身も気付いていないような些細なものもあり、何事もなく表面化

しないこともあります。反対に、環境等の条件が変わると顕著に現れることがあります。

例えば、昇進、異動をきっかけに業務内容や業務への取組み方が変わることで、初めて気付いたり、困難さに直面して苦しんだりすることがあります。

◎ 本人の気付かない障害特性への対処

本人からの申告にある苦手感や特性以外に、業務を遂行する上での課題が見られることがあります。本人は気付いていないので、その場合は本人とその課題を話し合って、本人の認識のズレを修正し、配慮も調整していかなければなりません。

周囲から見て、本人も気付いていない困難さがあるのならば、「事前的改善措置」として本人の申出がなくとも、配慮を施すことが望ましいでしょう。ただし、実施にあたっては、事前に本人と話し合い、合意を得るというプロセスを経てからになります。

新たな困難さが見付かった場合、それを突然指摘すると「自分を否定された」と捉えてしまうこともあります。本人の捉え方や感覚に違いがある場合は日頃からそのズレを明らかにして話し合い、調整し、よりよい環境を作るために一緒に考えていこうという目的を何度も説明しておくことが大事です。

Q22
合理的配慮の「合理的」、過重な負担の「過重」がわかりにくいです。

Ⓐ 合理的配慮は障害のある当事者本人が社会の中で生きていく上で、本人が望み、また必要とする配慮のことで、就労の場面では当

第4章 発達障害者雇用のQ&A　169

事者と雇用側双方の合意形成によって生まれます。それを提供する
にあたって、いくつか挙げられた要素にかかる負担が大きい場合、
「過重」といえます。どちらも明確に基準や指標などが決まってい
る訳ではなく、個別に判断します。

① 発達障害と合理的配慮の定義

　障害は、個人が持つ固有のものという個人モデル（医学モデル）と
見られてもいましたが、社会環境が作り出している制限・制約にある
という社会モデルとも見ることができます。つまり、環境を改善する
ことにより、社会参加・活動への障壁も低くなるのだということです。
その考えが、障害者権利条約における合理的配慮の定義につながって
いきます。

　何をもって合理的であるかを示すことは難しいのですが、当事者本
人の意思に関わらず、雇用側の主観的な視点から「善かれと思って」
施す措置のことではないのは明らかです。また、発達障害については、
肢体不自由のように「運動機能に支障がある」と見た目でわかる障害
ではありません。抱える困難さを的確に表現することも簡単ではあり
ません。

　職場の環境、仕事内容、求める成果、能力・スキル、障害特性によ
る困難さすべてを考慮し、配慮を求める当事者と提供する職場側との
間の協議の中で、現実的であり、かつ個々の状況に添った積極的に踏
み込んだ措置を、双方納得の上で決めることとなります。また、最初
に提供した配慮がそのままでよいのか、それとも見直すのか、提供し
てから時間の経過により変化することになります。

② 差別・虐待に値する配慮不提供

　当事者への配慮を提供しないことは差別であり、虐待にあたること

になりますので、不提供はあってはならないことです（障害者差別解消法、障害者虐待防止法）。そして、障害のない人に比べて障害のある人を優遇すること、いわゆる「積極的改善措置」を取ることは差別にあたりません。どこまで踏み込んだ対応が適切な配慮であり、どれ以上が過剰な措置であるかという線引きが見えにくいともいえます。

③ 過重な負担と判断する構成要素

　第5章のQ5（202ページ）でも挙げられている6つの要素について、総合的に勘案して過重かどうかを判断するとしています。わかりやすい要素としては、本来の業務遂行に支障が出たり、代替措置がある場合には過重と考えられます。それ以外の要素を見ると、設備等の新設や改修などのハード面と、支援できる人材の確保などのソフト面における制約と見て取れます。総じて費やされるコストや準備にかかる時間についての課題と思われます。

　これらについて、どの程度が重い負担になるかは、個別に判断することになります。他に際限ない配慮の要求は、道義的にも常識的にも常軌を逸していると判断し、過重と見てもおかしくないと考えられます。

④ 個別性の高い合理性と過重さ

　法令には、合理性や過重についての明確な基準は示されていません。本来、誰もが享受できる機会や権利・利益を制限・制約してしまう社会的障壁を軽減させる方策が合理的で妥当なものか、あるいは過重な負担であるかの判断を両者で話し合って決めることになります。個別性がかなり高く例示しにくいものといえます。

　障害者雇用促進法では、事業主は、相談窓口の設置など、障害者からの相談に適切に対応するために必要な体制の整備が求められます。

今後は双方の合意に至らないケースも出てくると思いますが、事業主は、障害者からの苦情を自主的に解決することが努力義務とされています。

Q23

外部の公的支援機関にはどこまでサポートしてもらえるのでしょうか？　企業から見た位置付けや関係の持ち方がわかりません。

Ⓐ それぞれの支援機関ごとに役割や担当範囲が異なるので、何をどこまでサポートしてもらえるのか、直接確認しておきましょう。主体となるのは雇用する側になりますので、積極的に問いかけて関わりを持ち、雇用定着に必要なノウハウを引き出し、蓄積していくことが大事です。

① **支援機関のあり方と使い方**

　就労支援機関の運営母体はさまざまで、自治体や官庁所轄の機関、ＮＰＯ法人や社会福祉法人等があるほか、最近では営利事業体が委託事業として運営しているケースもあります。そのため、独自の運営や支援方針があり、支援サービスにも違いが出ます。事業所ごとに、支援要員の数や質、予算等も異なります。

　事業所の体制が相談ベースの受動的なサービスなのか、それとも積極的に関わってくれるのかを確認しつつ、雇用側が抱える悩みや望む支援を表に出して、支援機関の役割やできる範囲を見定めて、付き合う必要があります。支援にも地域性があり、関連機関によるチーム連携での総合的な雇用支援がうまく機能している地域もあります。

② ナチュラルサポートによる職場支援への移行

　直接雇用契約を結んでいるのは、企業と当事者ですので、支援の導入に際しても、雇用する側がしっかりした認識を持って指導していかなければなりません。企業には「雇う責任」がありますので、支援機関に頼りすぎないようにしましょう。

　現在の支援は、支援導入当初は支援者が支援プログラムを作成し、中心となって指導を行いますが、その後は職場の支援が基点になるように、徐々に外部の支援をフェイドアウトしていくというスタイルです。いずれは雇用する側のみで、さまざまな課題に向き合わなければなりません。ただし、まったく縁が切れる訳ではありませんので、支援者との交流を絶やさないようにしながら、困ったときには支援や相談を申し入れましょう。

③ 支援が入りにくい雇用現場

　稀なケースですが、非常に機密性の高い事業を行っている職場では、障害者の雇用支援であってもジョブコーチ等の外部の人を職場に入れるのは好ましくないと判断されたこともあります。職場の内部だけで定着支援に取り組もうとしても、当然のことですが、経験がないと知識やノウハウ等もないばかりか、問題が発生した時の対応方法もわかりません。そのため、トラブルが起きてからの対応が不十分で、就業定着に至らず残念な結果に終わってしまったケースがありました。このようにならないためにも、外部支援機関の利用を含めた支援の在り方を、職場内で事前にしっかり調整しておく必要があります。

3 安全衛生、その他

Q24

　発達障害のある社員の言動や振る舞いがストレスになり、指導にあたっていた社員がメンタル疾患を患いました。このような場合、企業の責任はどこまで問われるのでしょうか？

A すべての社員に対して、安全配慮義務もしくは健康配慮義務（労働契約法）があります。支援する社員に対しても負担軽減のための対策を講じなければなりません。当事者の離職だけでなく、障害のある社員を支える貴重な人材の喪失にもつながってしまいます。

① 職場の安全配慮義務

　さまざまな障害特性を持つ当事者を支えることは容易なことではありません。特例子会社等の障害のある社員が数多く働く職場は別として、一般企業の職場では指導を担当する社員は支援の専任ではなく、自身が担当する業務を持っています。コミュニケーションに困難さがある当事者との対応では、支援する側には負担がかかり気疲れもします。ちょっとした行き違いからトラブルが生じた場合は、問題を解決するため当該社員のヒアリングを十分に行い、本人が理解できるように丁寧に説明することが必要です。

　また、一回話せばわかるとは限りません。本人が納得するためにはかなりの時間を割かなければならない場合もあります。指導にあたる社員は自分の業務も抱えていますので、負荷がかかりすぎると精神的に追い込まれることがあるかもしれません。実際に、担当する社員が

174

板挟みになり疲弊して休職、離職していく事例もあります。

　昨今の時勢から、うつ病などのメンタル疾患により重大な事態に発展することもありますので、企業はすべての社員の安全に配慮していかなくてはなりません。

② 広がる職場不和の連鎖

　社員が疲弊していくと、職場の雰囲気も悪くなってしまい、障害のある人と職場の人との間に軋轢が生まれてしまいます。関係がこじれた場合は、最終的に当事者本人の離職という残念な結果に終わるかもしれません。

　もし、初めての雇用でこのように失敗してしまうと、その後の障害者雇用に対して不信感が出て、再度障害者を雇用することが難しくなります。実際にこのような事態に陥り、抜け出すために長い期間を要した事例もあります。

　チーム全体に負荷を分散する他、人事、産業保健関係者、外部の支援者等、多層構造で支援の仕組みを考えなければなりません。一人の社員に任せきりにせず、会社全体で障害のある社員の就業を支えていきましょう。

Q25
　発達障害があり、メンタル疾患を発症して1年程休職している社員から復職したいと申出がありました。復職のための条件をどのように設定すればよいでしょうか？

Ⓐ 客観的で公平な判断の下で、当事者の復職可否を判断しなければなりません。そのために医療からの視点と就業能力の視点から当事者の現状を見定めて、組織が最終的に判断するという段階的な枠組

第4章　発達障害者雇用のQ&A　175

みで進めます。それと合わせて、受入れ側の体制整備も実施します。

① 職場復帰を焦らす理由

　二次障害としてメンタル疾患を発症して休職中にある社員は、治療と自宅での静養に専念することになります。時間の経過とともに、少し精神的にも落ち着いてくると、さまざまなことを考え出します。医療面からも、まだ復帰に至る状態ではないのに、本人の勝手な思い込みで気持ちの焦りだけが強くなるのです。もし復帰したとしても、日常生活は破たんしたままで、さらに思わしくない状態になるだけです。

　そのほかに本人を焦らす要因として、家庭維持に欠かせない収入などの経済面への不安も一因となります。根底にある障害特性も作用して、一途に思い込むと冷静な判断ができなくなる可能性もあり、周囲からの警告や意見に耳を貸そうとしません。

② 職場復帰の順序

　職場復帰の要望が出たら、主治医に職場復帰可能かどうかを判断してもらい、可能とする旨の診断書の提出を求めます。そこには、就業上の配慮に関する具体的な意見も記入してもらうようにします。

　ただ、主治医の判断は日常生活における病状の回復程度によるもので、あくまでも可能性について判断していることが多く、必ずしも職場復帰して実務に耐久できて、業務遂行能力を十分に発揮できる域にまで回復したというものではありません。そのため、主治医の判断に加え産業医の精査も合わせて、検討することになります。

　人事担当者が復職時に確認することは、就業意欲が十分か、生活のリズムが維持できているか、十分に回復しているか、毎日の通勤に耐えられるか、職場環境へ適応できるかなどです。従前の職務を通常の程度行える健康状態であれば、復職させなければなりません。

次に、復帰を判断するための職場復帰プランを作成します。復帰判断のための方法として、EAP（Employee Assistance Program）と呼ばれる従業員支援プログラムがあり、カウンセリングや休職者の復職支援などを行っています。職場内部にその専任者を置いたり、外部専業者からサービス提供を受けたりします。公的な支援機関であれば、地域障害者職業センターで行われている復職訓練プログラム（リワーク支援）を受けることもよいでしょう。

　これらのいくつかの段階を経た後、最終的に職場での復職の判断をすることになります。職場復帰の手順の参考として、厚生労働省作成の「心の健康問題により休業した労働者の復職支援の手引き」があります。

③ 職場側の受入れ体制整備

　復職が決まると受入側の体制整備（業務内容や職場環境）が必要です。実際に復職しても、本人が本当に職場環境に適応し、用意された業務に従事できるか、耐えうるのかの見極め基準も設定しておかなければなりません。日々の様子をヒアリングし、メンタル状態やモチベーションの推移、規則正しい生活習慣の維持、業務遂行状況などをチェックして、定着を目指します。当然、障害に対する配慮もこれまで以上に手厚く講じなければなりません。

Q26

　発達障害のある社員が、職場で虐待行為を受けたと虐待・通報窓口に通報しました。監督機関からの問合せや立入り検査などが予想されるのですが、今後どのように対処すればよいのでしょうか？

A 区市町村の障害者虐待・通報窓口への通報の事実が明らかであれば、虐待の内容を確認し（122 ページ参照）、まずは当事者本人の安全・安心を確保しなければなりません。その後は公的機関からの問合せなどがあれば積極的に協力します。そのために、すべての関係者に調査協力を取り付けます。最終的に、監督機関の判断に委ねることになりますが、虐待の有無に関係なく、組織として何かしらの瑕疵もあると考え、職場環境の調査・改善に努め、組織の整備を進めなければなりません。

① 通報後の初動対応

　まずは、通報事実について事業所内で調査を行います。当事者が特定できるのであれば、本人の安全確保が優先されます。状況により職場において分離保護が必要になることも念頭に置かなければなりません。可能な限り、関係者からの聴き取りを行いますが、監督機関からの連絡があるまでに何かしらの行動を性急に起こすと事実の隠ぺい行為とも取られかねません。通報後は、監督機関による問合せや事実確認等の調査があり、その結果に委ねることになります。その際に、組織全体での周知、改善対策については公的機関と相談しながら進めていきます。

② 認定後の対応

　もしも虐待認定が下された場合には、関連法に則った措置が講じられ、それに従うことになります。通報という事実を考えると、虐待認定の有無に関係なく、何かしらの機能不全があったか、もしくは誤解の起きやすい職場環境であったのではないかと認識しなければなりません。ここからの対応が、企業としての品格を問われることになります。職場のすべての社員の認識を見直していき、再発防止に努めなけ

ればなりません。

　あわせて、障害特性も含めて当事者自身の感じ方、考え方も間接的な原因の一つにもなりますので、外部の支援機関を活用しながら、これまで以上に丁寧に、当事者の思いや捉え方を引き出していき、それを周囲と共有していかなければなりません。

③ 事後の職場内の指導について

　ただし、職場内での対応指導が行き過ぎると、逆に周囲の社員が及び腰になってしまいますので、管理職には職場内の社員への指導、当該社員への対応共にバランス感覚が求められます。また、緊急時対応や支える人たちの相談先としての役割を果たすフォロー体制を構築しておかないと組織自体が破たんしてしまうおそれがあります。外部の支援者や公的機関も巻き込んだ幾重にもなる体制を作り出すことが望ましいでしょう。

④ 無意識の行動を見直す

　これまで、虐待については"モラル"として暗黙のうちに対応がなされてきましたが、障害者虐待防止法・障害者差別解消法により明文化されることとなりました。対応が疎かになれば、当人の自覚がなくても法に抵触すると認定されるほか、善かれと思って行った行為が予想外の重大事故として捉えられ、結果的に組織に重い負担を背負わすことにもなります。実際に虐待認定は年々その数が増えている状況にあります。組織内での障害者雇用および障害に応じた対応を、これまで以上に意識しなければなりません。

Q27

以前から居住地の近隣とトラブルがあり、苦情が出ていたようで、とうとう職場にまでクレームの連絡が入るようになりました。今後どのように対処すればよいでしょうか？

Ⓐ 個人の私生活の中での話ですので、基本的には踏み込まないのですが、職場へも連絡が入れば企業として対応することになります。本人のヒアリングから始め、クレームの事実を伝えないといけないでしょう。適切な対応をするように助言しますが、自力では困難であると判断するなら、身元保証人への連絡や、地域の生活支援機関へのサポートの依頼まで段取りをします。

① 職場外のトラブル発生時の対応

個人のトラブル事案については、本来であるならば、親族ら身近な人らによって見守ることになるのですが、諸事情により見守り行為がなされていない場合は、医療や福祉の分野につなぐ必要があります。組織に属する人材として見ると、職場や業務にまったく影響がない訳ではありませんので、雇用者の安全配慮・健康配慮を担う立場としてのサポートが必要になります。

基本は、本人に身近な支援機関に相談するように指示することになりますが、身近な人がいない場合や対人折衝が困難である場合には、相談支援を行う公的支援機関への橋渡し役を担っていかなければならないでしょう。つなぐ支援先としては、地域の支援機関（障害者就労支援センターや障害者就労・生活支援センター等）があります。

② 社会人・組織人の自覚を促す

個人のトラブルで職場に対して外部からクレームが入ったことは、

組織に迷惑をかけていることになります。組織を構成する一員として
は考えて行動するように自覚を持たせなければなりませんので、その
意味を込めて注意喚起をします。また、発生した事案の状況説明を求
め、本人には応じる責任があることを伝えます。

　しかし、自分の言いたい事をうまく伝えられない場合もあります。
一方的に責を問うとパニックを起こす可能性もありますので、注意が
必要です。今後の支援継続が想定されますので、外部支援者にも同席
してもらって話し合うことがよいでしょう。

　本人に経緯の説明を求める際にも、注意だけを行うのではなく、「一
緒に対応を考えていく」ことを伝え、障害のある社員に寄り添う姿勢
を示すことが重要です。こうしたケースに限らず、組織に迷惑をかけ
ないことの説明根拠として、服務規程に「会社の名誉と信用を傷付け
ないこと」等の定めを置き、注意喚起を行う際の根拠とすることが望
ましいでしょう。

Q28
　金銭管理ができないようで、多額の借金を抱えているようです。
今後、業務遂行や勤怠に影響が出るかもしれません。どのよう
に指導していけばよいでしょうか？

Ⓐ 社員のプライベートでのトラブルについては、本来は会社が関知
することではありませんが、業務や職場にまで影響があるのであれ
ば、会社としての対応も必要と考えられるので、本人との相談協議
の上で対応していくことになります。

① 障害特性による問題行動
　発達障害のある人の一部には、特性が要因となって、自分の欲しい

第4章　発達障害者雇用のQ&A　181

ものは衝動買いしてしまうなどの無駄遣いが多く、金銭管理の苦手な人がいます。日常生活では片付けが不得手で、散らかし放題の部屋で生活を営むなど、個人の生活管理ができず、さまざまな困難を抱えているという事例があります。また、ゲームの好きな人は課金により高額の請求を受けることもあります。欲しいものへの欲求を抑えることができず、カードローンの金額がかさみ、ローン返済に追われることになります。後になって後悔の念は持つものの、衝動は抑えきれず同じことを繰り返してしまいます。

② 職場側の対応

　個人の事情ですので、確証がないのに深く踏み込む訳にはいかず、本人から相談があって初めて対応することになります。私生活に何らかの問題が発生していると、当然のことながら職場で能力を十分に発揮することができませんので、問題を解決しておく必要があります。この事態を早めに把握するためには、業務に関すること以外でも極力日々のコミュニケーションを取り続け、本人の口から話が出るような関係性を作っておくことが一番です。見た目にも様子がおかしい場合は、それとなく生活上での悩みがあるのではないかと尋ねてもよいでしょう。

③ 支援の依頼先

　金銭の借入れ自体は一般でもあることですが、度が過ぎてしまうと返済に窮することになり、職場や業務に影響が出ないとも限りません。判断能力の弱い知的障害のある社員の場合は、騙されて高額の商品を買わされてしまうというケースがあるかもしれません。

　個人で対応することが難しい場合は、本人以外に親族保護者や身元保証人に連絡し、相談することになります。一人暮らしで親族等のサ

ポートが得られない場合は、地元の公的な生活支援サービスの導入や
成年後見人の設定なども協議して、支援の幅を厚くしていくことが望
ましいでしょう。

> **Q29**
> 　一般枠で採用した発達障害の傾向があると思われる社員が、
> 上司不在時に職場の中で愚痴や悪口を言い回るようになりました。
> 他の社員と同様の仕事に就いていますが、「指示がわかりにくい」
> とか「マニュアルがない」など上司や仕事への不満を口にして
> いるようです。どうすればよいでしょうか？

Ⓐ 面談などを通して、本人の気持ちや考えを引き出しましょう。問
　題行動は当事者にとって不安や固執していることがあると考えられ
　ます。障害特性があるかどうかについては、専門医でなければ判断
　は不可能ですが、傾向を持つと想定して対応することで、効果が得
　られるかもしれません。穏やかな姿勢で本人の言い分のヒアリング
　を行い、今後の対応策を一緒に考えます。

◎発達障害の傾向のある社員への対応

　一般枠で採用した社員の中に、発達障害の傾向のある社員がいるこ
とは珍しくありません。このような問題行動については、障害があっ
てもなくても起こりうる話です。障害特性との結び付きがあるかどう
かも明確には証明はできません。不平不満の要因となることをヒアリ
ングし、状況を確認して対処することになります。放置すれば職場全
体の士気低下にもつながるので、早めの対応が必要でしょう。

　ただし、問題行動を明らかにする過程で、当事者の障害特性が関係
しているのではないかと思われる可能性もあります。仕事の進め方や

第4章　発達障害者雇用のQ&A　　183

内容が自分が思い描いていたものと違うとか、一般枠採用であっても自分が描いていた就労の姿と違うことへの不信、筋が通らないことに過剰なまでの厳しい律儀さなどが上司への不信となり、陰口を発するという不適切な行動に走らせたとも考えられます。その根底には、こだわりの強さや執着心、過敏なまでの感性の細やかさなどの障害特性があるともいえます。

　ヒアリングにより本音を聞き出し、関係性を調整していくことになりますが、障害特性から見ると一度固執した想いを簡単に収めることはできないかもしれませんので、仲裁役として当該職場と距離のある位置付けの人事部門等に、職場全体の環境整備を目的としたヒアリングという形で間に入ってもらったほうがよいでしょう。

第5章

採用・労務管理における
悩ましいケースへの
対応

2013 年に障害者雇用促進法が改正され、2014 年 4 月 1 日以降、事業主に対し雇用の分野における障害を理由とする差別の禁止や、障害者が職場で働くにあたっての支障を改善するための措置義務（合理的配慮提供義務）が課せられています。

　また、発達障害も精神障害の中に含まれるとされたことから、発達障害者についても、障害者として障害者雇用促進法に基づく障害を理由とする差別禁止の保護の下にあることとなり、事業主は合理的配慮提供の義務を負うことになりました。

　発達障害のある人の中には、これまで障害者ではない人として就労してきており、発達障害であることを他の社員に知られたくないという人もいます。人に知られたくないという個人の秘密は、プライバシー権として裁判例でも認められているところですが、事業主が発達障害者の採用にあたって合理的配慮提供の義務を履行するには、応募者が発達障害者であることを知る必要があります。

　本章では、それら事業主の合理的配慮提供の義務と応募者・社員のプライバシーをどう調和させるかを念頭に解説します。

Q1

社員募集において、その言動から発達障害であると思われる人が応募してきました。採用面接時に、発達障害であるか尋ねることはできますか？

① 採用面接時において、発達障害の有無を尋ねること

社員募集について、会社には採用の自由が認められています。

しかし、会社に採用の自由が認められるとしても無制限に認められる訳ではありません。採用にあたっては、会社は法令上の制限（男女雇用機会均等法［性別］、雇用対策法［年齢］、障害者雇用促進法［障害］）に服するほか、応募者の基本的人権（プライバシー）を侵害するようなことがあってはならないとされています。

発達障害者の中には、自分が発達障害であることを会社に知られたくないと思っている人もいます。裁判例でも、人に知られたくないという「個人の秘密」、いわゆるプライバシーは基本的人権の一つとして保護されています（『宴のあと』事件・東京地裁 昭 39.9.28 では、プライバシーを私生活上の事柄をみだりに公開されない法的保障・権利と定義しています）。

したがって、採用面接時において、会社が応募者に発達障害であるかどうかを尋ねることは、一般的には応募者のプライバシーを侵害するものとして人権侵害になるおそれがありますので避けたほうがよいです。

② 募集採用時における合理的配慮提供義務

会社は、社員の募集および採用については、障害者に対して障害がない人と均等な機会を与えなければならない（障害者雇用促進法第34 条）とされています。

第5章 採用・労務管理における悩ましいケースへの対応　187

また、会社は、募集および採用について、障害者と障害者でない者との均等な機会の支障となっている事情を改善するため、障害者からの申出により当該障害者の特性に配慮した必要な措置（合理的配慮の提供）を講じなければならない（障害者雇用促進法第 36 条の 2）とされています。

　しかし、会社が募集・採用時において合理的配慮の提供の義務を負うのは、応募者が障害者であると認識している場合に限ります。障害者雇用促進法第 36 条の 2 および合理的配慮指針[*6]が、募集・採用における会社の合理的配慮提供の義務について、「障害者からの申出」を条件としているのは、障害者のプライバシーが考慮されているからです。

　したがって、「応募者からの申出」がない以上、会社は合理的配慮提供の義務は負いません。

> ＊6　雇用の分野における障害者と障害者でない者との均等な機会若しくは待遇の確保又は障害者である労働者の有する能力の有効な発揮の支障となっている事情を改善するために事業主が講ずべき措置に関する指針（平成 27 年厚生労働省告示第 117 号）

③ 発達障害者であると思われる場合

　すでに採用している社員に対する合理的配慮義務については、会社が必要な注意を払ってもその雇用する社員が障害者であることを知りえなかった場合には、合理的配慮の提供義務違反は問われない（合理的配慮指針第 2 の 2）とされています。

　したがって、採用後の社員について一見して障害者であることが明らかである場合は、社員からの申出がなくても、会社は社員が障害者であることを容易に知りえたといえますので、会社は当該社員に対して合理的配慮を提供する義務を負うことになります。

しかし、社員となる前の採用面接の場合は、必要な注意を払えば応募者が発達障害であると認識できる場合であっても、会社が応募者に発達障害であるかどうかを尋ねることは応募者のプライバシーを侵害することになりますので「障害者である応募者からの申出」がない以上、合理的配慮の提供義務を負わないと解するのが妥当です。

　発達障害者の募集・採用時における会社の合理的配慮提供義務は、

（イ）面接時に就労支援機関の職員等の同席を認めること
（ロ）面接・採用試験について、文字によるやりとりや試験時間の延長等を行うこと

を内容とします（合理的配慮指針別表）。
　また、会社が上記の合理的配慮の提供義務を実施するために発達障害であるかどうかを尋ねることは、あえてプライバシーを侵害するものとして違法とするまでもないとする考えもあります。
　しかし、実際の運用上、会社が応募者に発達障害の有無を尋ねる行為については、募集・採用にあたって発達障害者を差別・選別するためのものか合理的配慮提供のためかを外形上の行為から判断するのは困難です。
　したがって、会社が応募者に発達障害の有無を尋ねることは、合理的配慮提供のためであって、かつ、強制ではないことを応募者に伝えてあったとしても、できないものと考えられます。

Q 2

社員募集において、発達障害者であると思われる人が応募してきました。採用面接そのものを拒否することができますか?

　会社の社員募集について、会社には採用の自由が認められています。したがって、会社が一般的に採用面接そのものを拒否することは違法であるとはいえません。

　しかし、採用の自由も無制限に認められる訳ではなく、法律によって、性別、年齢、障害等に関しては、採用の自由が制限されているほか、応募者の基本的人権（プライバシー権）を侵害することはできません（187ページ参照）。

　採用面接は、採用行為そのものではないとする考えもありますが、採用面接は採用の前提となる行為であり、あえて採用面接と採用行為を分けて論ずる必要はありません。

　応募者が発達障害である可能性が高いと思われる場合であっても、会社が応募者に対し発達障害であることを尋ねることは、応募者のプライバシーを侵害するおそれがありますので、できません（187ページ参照）。

　したがって、「発達障害であると思われる人」からの応募については、応募者が事業主に対して「合理的配慮義務の提供の申出」をしない限り事業主は合理的配慮提供の義務は負わないことになります。

　これが採用後の「社員」であれば、その言動などから発達障害である可能性が高いと思われる場合は、会社にとっては「社員が発達障害であることを認識し若しくは容易に認識できる状態」にありますので、会社は当該社員に対して合理的配慮提供の義務があります（合理的配慮指針第2の2）が、採用前の応募者について発達障害であると思われる場合は、会社が「発達障害であることを認識し若しくは容易に

認識できる状態であった」としても、発達障害であるかどうかを当該
応募者に尋ねることはできない以上、合理的配慮提供の義務は負いま
せん。

したがって、発達障害者であると思われる応募者が合理的配慮提供
の申出をしない場合においては、事業主が採用面接そのものを拒否し
ても障害者に対する採用差別として障害者雇用促進法（第34条、第
36条の2）に違反することにはなりません。

しかし、応募者のプライバシーを侵害しない範囲で、会社は採用面
接を拒否しないほうが望ましいことは言うまでもありません。

> ### Q3
> 社員募集において、障害者福祉手帳を所持している発達障害
> 者からの応募がありました。発達障害者であることを理由に採
> 用面接を拒否したり、採用そのものを拒否したりすることはで
> きますか？

① 採用面接の拒否について

障害者福祉手帳を所持している応募者に対して発達障害者であるこ
とを理由に採用面接を拒否することは、「障害者」であることを理由
として、「障害者を募集又は採用の対象から排除すること」こととな
り障害者であることを理由とする差別に該当することになります[7]
（障害者差別禁止指針第3の1の（2））ので、明らかに障害者に対し
て障害者でない者と均等な機会を提供する義務（障害者雇用促進法第
34条）に違反します。

*7　障害者に対する差別の禁止に関する規定に定める事項に関し、事業主が
　　適切に対処するための指針（平成27年厚生労働省告示第116号）

したがって、会社は応募者から採用面接を拒否されたことにより精神的打撃をこうむったとして民事上の不法行為に基づく損害賠償の責任を問われる可能性があります（民法第709条、第710条）。

② 「採用そのもの」の拒否について

障害者雇用促進法は、障害者に対して障害がない人と均等な機会を与える（第34条）ことによって障害者に対し障害者ではない人との平等を図ろうとするものです。したがって、一般的に会社が発達障害を理由に採用そのものを拒否することは、障害者雇用促進法第34条以下の規定に違反し違法となります。

③ 禁止される差別に該当しない場合

障害者差別禁止指針は、禁止される差別に該当しない例として以下の4つを列挙しています（障害者差別禁止指針第3の14）。

（イ）積極的差別是正措置として、障害者でない者と比較して障害者を有利に取り扱うこと

（ロ）合理的配慮を提供し、労働能力等を適正に評価した結果として障害者でない者と異なる取扱いをすること

（ハ）合理的配慮に係る措置を講ずること（その結果として、障害者でない者と異なる取扱いとなること）。

（ニ）障害者専用の求人の採用選考又は採用後において、仕事をする上での能力及び適正の判断、合理的配慮提供のためなど、雇用管理上必要な範囲内で、プライバシーに配慮しつつ、障害者に障害の状況等を確認すること。

上記（ロ）にあるように、会社が障害者の採用を決定するにあたっ

て、合理的配慮を提供した上で、なお、障害者と障害がない人との間で、職務遂行能力その他のスキルについて差がある場合、会社が発達障害者でない人を採用したとしても違法な差別にはなりません。この範囲で会社には採用の自由が認められていることになります。

④ 法の差別禁止規定に違反した場合の私法上の効力

　問題は、障害者雇用促進法に基づく合理的配慮の提供が行われた場合に、障害者と障害者でない者との間で職務遂行能力に差異が生じなかった、あるいは障害者のほうの職務遂行能力が障害者でない者のそれを上回っていた場合において、会社が障害者でない者を採用した場合です。

　この場合、会社は障害者雇用促進法（第34条）および障害者差別禁止指針（第3の1の（2）ハ）に違反しますが、これらの規定から直接私法上の効果（会社と障害者でない者との雇用契約を無効とし、会社と障害者との雇用契約の成立を認めること）は発生しないとされています。

　それは、雇用の分野における障害者差別禁止規定および職場における合理的配慮の提供義務をめぐる紛争の解決に関しては、障害の多様性、差別的取扱い規制の包括性・多様性、差別的取扱いの禁止と合理的配慮の提供の密接性、事業主が行うべき対応の多様性から、民事訴訟による権利義務体系に沿った定型的救済には限界があるとされているからです（菅野和夫『労働法 第11版』282ページ、弘文堂）。

　すなわち、雇用の分野において会社に障害者雇用促進法等の法令違反があっても、当該障害者には、会社に対して自身の雇用契約を成立させるための私法上の具体的な請求権は認められないということになります。

　したがって、会社が障害者の雇用そのものを拒否することは、違法

行為として障害者から不法行為に基づく損害賠償請求（民法第709条、第710条）、あるいは障害者雇用促進法違反として厚生労働大臣から助言、指導および勧告（障害者雇用促進法第36条の6）される可能性はありますが、会社に対し障害者の採用を強制することはできないものと解されます。

Q 4

発達障害と思しき特性を持っていそうな社員がおり、周囲とも軋轢があるようです。業務上の配慮を受けやすくするため、医師の診断を受けてもらい発達障害に該当するならばその申告をしてほしいのですが、どのようにアプローチすればよいでしょうか？

① プライバシーへの配慮

　会社は社員が発達障害であることを把握した場合には、当該社員について合理的配慮の提供について検討することになります。社員本人が発達障害者であることを積極的に申し出ない場合であっても、会社は社員の障害の有無を把握・確認しなければならないとされています[8]（Q&A1-5-1）。しかし、発達障害であることは社員のプライバシーにかかわりますので、会社は障害の有無・確認については社員のプライバシーに十分配慮しなければなりません。

　＊8 「障害者雇用促進法に基づく障害者差別禁止・合理的配慮に関するQ&A
　　　第二版」

② 社員からの申出がない場合の把握・確認方法

（イ）　会社が発達障害と思しき社員に発達障害であるかどうかを個別に尋ねて確認することはプライバシーの侵害（人権侵害）になり

ます。したがって、社員から申出がない場合の確認方法としては、

> ○ 社員全員が社内 LAN を使用できる環境を整備し、社内
> 　LAN の掲示板に掲載する、または社員全員に対して一斉
> 　にメールを配信する。
> ○ 社員全員に対して、チラシ、社内報を配信する。
> ○ 社員全員に対する回覧板に掲載する。

等の画一的な手段によって、合理的配慮の提供の申出を呼びかけ
ることが基本となります[9]。

（ロ）　社員本人の発達障害の受容の状況等を考慮した場合に、合理的
　配慮の提供の必要性を相談する根拠として「適切と考えられる例」
　は、次のことです[9]。

> ○ 公的な職業リハビリテーションサービスを利用したい旨
> 　の労働者の申出
> ○ 企業が行う障害者就労支援策を利用したい旨の労働者の
> 　申出

（ハ）　社員本人の発達障害の受容の状況を考慮した場合に、合理的配
　慮の提供の必要性を相談する根拠として「不適切と考えられる例」
　は、次のことです[9]。

> ○ 健康等について、部下が上司に対して個人的に相談した
> 　内容
> ○上司や職場の同僚の受けた印象や職場における風評
> ○企業内診療所における診療の結果

○健康保険組合のレセプト

＊9　プライバシーに配慮した障害者の把握・確認ガイドラインの概要―事業主の皆様へ―（厚生労働省）

（ニ）　上記以外のケースで会社が社員の発達障害を把握・確認した場合でも、原則として合理的配慮指針に定める手続きを進め、必要な合理的配慮を提供する必要があります。

　　　ただし、例えば労働安全衛生法に基づく健康診断または面接指導において、社員に発達障害のあることを把握する場合がありますが、これらの情報は労働安全衛生法における社員の健康確保を目的として把握するものであり、障害者雇用促進に基づく合理的配慮を目的とするものではないので、本人の同意がない限り、合理的配慮提供のためにこの情報を用いることはできないことに注意する必要があります。

（ホ）　本人が発達障害であることを受容していない場合に、会社がこれらの情報を基に社員に対して発達障害者であることを前提とした合理的配慮提供の手続きを進めることは、社員のプライバシーを侵害するおそれがありますので十分に注意が必要です。

＜プライバシーに配慮した障害者の把握・確認の文書例＞

[障害者手帳等をお持ちの方へ]

株式会社○○○○　人事部

　障害者雇用促進法に基づいて、企業には、雇用している労働者の一定割合、身体障害者、知的障害者、精神障害者（発達障害者を含みます。）その他の心身の機能の障害があるため、長期にわたり、職業生活に相当の制限を受け、または職業生活を著しく困難な者（以下「障害者」といいます。）を雇用しなければならないという障害者雇用義務が課されています。

　また、この障害者雇用義務の達成状況に基づき、障害者雇用状況の報告、障害者雇用納付金申告、障害者雇用調整金の申請（または報奨金の申請）を行う必要があります。

　この度、障害者雇用促進法が改正され、同法第36条の３は、「事業主は、障害者である労働者について、障害者でない労働者との均等な待遇の確保または障害者である労働者の有する能力の有効な発揮の支障となっている事情を改善するため、その雇用する障害者である労働者の障害の特性に配慮した必要な措置を講じなければならない」（事業主の合理的配慮提供の義務）とされました（平成28年４月１日施行）。

　こうした法改正や個人情報保護法の制定を背景に、労働者の障害に関する情報は、従来以上に厳正に取り扱うことが求められています。

　つきましては、障害者手帳等（＊）をお持ちの方で、その情報を下記のとおり利用することについてご了承いただける場合は、同意書（別紙）に記名押印の上、人事部までに申し出てください。なお、この申告は強制するものではなく、下記のとおり利用することについてご了承いただけた場合にのみ申告をお願いするものです。

＊　障害者手帳とは、身体障害者手帳、療育手帳、精神障害者保
健福祉手帳のことを指します。また、身体障害者については、都
道府県知事の定める医師もしくは産業医による診断書・意見書（内
部障害については指定医のものに限ります。）、知的障害者につ
いては、児童相談所、知的障害者更生相談所、精神保健福祉セ
ンター、精神保健指定医もしくは障害者職業センターによる判
定書をお持ちの方についても、障害者雇用義務の対象になります。

また、申告があったことを理由として、職場において不利益な取扱
いを行うことは一切ありません。

記

1．利用目的および必要な情報
●障害者雇用状況の報告のため
　毎年、6月1日における障害者の雇用状況を、公共職業安定所に報
告しなければならないことになっています（報告期間：毎年6月1日
から7月15日）。
　このため、企業は、雇用する労働者のうち、障害者である労働者の
人数を、障害　種別・程度ごとに報告する必要があります。

●障害者雇用納付金の申告のため
　各年度ごとに、前年度の雇用障害者数に基づき算定した障害者雇用
納付金の額等を、独立行政法人高齢・障害者雇用支援機構（都道府県
障害者雇用促進協会経由）に申告しなければならないこととなってい
ます（申告期間：毎年4月1日から5月15日）。
　このため、企業は、障害者である労働者の指名、性別、生年月日、
障害者手帳の番号、障害種別、障害等級または程度、雇入れ年月日、
転入年月日、年度内に身体障害者または精神障害者となった年月日、
年度内等級等変更年月日、離職年月日、転出年月日等を申告する必要
があります。

●障害者雇用調整金の申請のため
　障害者雇用調整金は、各年度ごとに、前年度の雇用障害者数に基づ
いて金額を算定し、独立行政法人高齢・障害者雇用支援機構（都道府

県障害者雇用促進協会経由）に支給の申請を行った事業主に対して支給されることになっています（申告期間：毎年4月1日から5月15日）。

このため、企業は、障害者である労働者の指名、性別、生年月日、障害者手帳の番号、障害種別、障害等級または程度、雇入れ年月日、転入年月日、年度内に身体障害者または精神障害者となった年月日、年度内等級等変更年月日、離職年月日、転出年月日等を申告する必要があります。

●奨励金の申請のため

報奨金は、各年度ごとに、前年度の雇用障害者数に基づいて金額を算定し、独立行政法人高齢・障害者雇用支援機構（都道府県障害者雇用促進協会経由）に支給の申請を行った事業主に対して支給されることになっています（申告期間：毎年4月1日から5月15日）。

このため、企業は、障害者である労働者の指名、性別、生年月日、障害者手帳の番号、障害種別、障害等級または程度、雇入れ年月日、転入年月日、年度内に身体障害者または精神障害者となった年月日、年度内等級等変更年月日、離職年月日、転出年月日等を申告する必要があります。

●事業主の障害者の方に対する合理的配慮提供の義務の履行のため

事業主は、障害者である労働者について、障害者でない労働者と均等な待遇の確保または障害者である労働者の有する能力の有効な発揮の支障となっている事情を改善するため、その雇用する障害者である労働者の障害の特性に配慮した職務の円滑な遂行に必要な施設の整備、援助を行う者の配置その他の必要な措置を講じなければならない（合理的配慮提供義務）とされています（障害者の雇用の促進等に関する法律第36条の3）。

2．毎年度の利用

障害者雇用状況の報告、障害者雇用納付金の申告、障害者雇用調整金の申請（または報奨金の申請）は、毎年度1回行わなければならないこととされていることから、当社は、障害者雇用状況の報告等の業務の実施に当たり、今回あなたから申告していただいた情報を、毎年度利用することになりますので、あらかじめご了承ください。

第5章 採用・労務管理における悩ましいケースへの対応　199

なお、当社が、申告していた情報を、本人の同意なく、障害者雇用状況の報告、障害者雇用納付金の申告、障害者雇用調整金の申請（または報奨金の申請）、合理的配慮提供の義務履行以外の利用目的のために用いることは一切ありません。

3．情報内容の変更
　今回申告していただいた情報について、毎年度障害者雇用状況の報告等のために用いるにあたり、内容に変更があると考えられるような場合には、障害者雇用状況の報告等の実施に必要な範囲で、変更の有無について確認を行うことがありますので、あらかじめご了承ください。
　なお、情報内容の変更とは、具体的には、障害等級の変更や、有効期限を過ぎた精神障害者保健福祉手帳の更新の有無等を想定しています。このため、精神障害者保健福祉手帳をお持ちの方は、手帳の有効期限を届け出てください。
　また、今回申告していただいた情報について、その内容の正確性を確保する観点から、障害等級に変更があった場合や、精神障害者保健福祉手帳を返却した場合には、その旨を人事担当者まで連絡してください。

4．親事業主への情報提供
　当社は、株式会社××××の特例子会社（または関係会社）です。
　このため、障害者雇用状況の報告、障害者雇用納付金の申告、障害者雇用調整金の申請（または、報奨金の申請）を、親事業主である株式会社××××において一括して行う必要があることから、申告していただいた情報を株式会社××××の人事部に提供することになりますので、あらかじめご了承ください。

（以上）

■ 締め切り：××××年××月××日
■ 連絡方法：まずは下記担当までご連絡ください。連絡方法は、直接来ていただいてもかまいませんし、メールや電話でも結構です。
■ 担当：人事部△△係 ○○○○（内線1111）
　E-mail：××××＠×××.××.××

＜同意書例＞

○○○○年○○月○○日

同　意　書

株式会社○○○○　　人事部　△△△△殿

　私、●●●●は、私の障害に係る個人情報について貴社が下記のとおり利用することについて同意いたします。

記

1．以下の利用目的に用いること
　　(1) 障害者雇用状況の報告
　　(2) 障害者雇用納付金の申告
　　(3) 障害者雇用調整金の申請
　　(4) 報奨金の申請
　　(5) 障害者雇用促進法第36条の3に基づく合理的配慮義務の履行

2．上記の利用目的のために、毎年度情報を利用すること。

3．貴社が上記の利用目的のために必要な範囲内で、私に対して障害等級の変更（および精神障害者保健福祉手帳所持者の場合は、手帳の更新の有無等）等、情報の内容に変更がないかどうか確認する場合があること。

4．上記の利用目的のために、特例子会社（または関係会社）である貴社の親事業主にあたる株式会社××××の人事部に情報を提供すること。

以上

労働者氏名　●●●●　㊞

③ ケースの検討

　上記②によって発達障害の把握、確認ができない場合は、会社に合理的配慮の提供を示す根拠が得られないことになります。特に本人が障害を受容していない場合には、本人の同意なくして合理的配慮の提供（例えば、業務指導や相談に関する担当者の選任、他の社員に対する障害の内容や必要な配慮等の説明など）を進めることは、当該社員のプライバシーを侵害するおそれがあります。

　周囲との軋轢等は悩ましいことですが、会社としては障害者ではない者として就業規則等の服務規程等に基づいて業務指導していくことしか方法はありません。

Q 5

　社員が発達障害であるとの診断を受けた旨を申し出て、数多くの配慮事項を提示してきました。すべてに対応しないといけないでしょうか？

---

① 合理的配慮提供の手続き

（イ）　会社は社員が障害者となったことを把握したときは、「当該障害者に対し、遅滞なく、職場において支障となっている事情の有無を確認しなければならない」とされています（合理的配慮指針第3の2の（1））。また、障害者は、会社からの確認を待たず、当該会社に対して自ら職場において支障となっている事情を申し出ることが可能であるとされています（合理的配慮指針第3の2の（1））。

（ロ）　会社は、障害者に対する合理的配慮の提供が必要であると確認した場合には、合理的な配慮としてどのような措置を講ずるかについて当該障害者と話合いを行うこととされています（合理的配

202

慮指針第3の2の（2））。

（ハ）　このケースでは、障害者のほうから発達障害であるとの診断を
　　　受けた旨を申し出て、数多くの配慮事項を提示してきたとありま
　　　すので、そのまま障害者と話し合いを行い、具体的な配慮事項を
　　　決定していけばよいかと思います。

② 発達障害に関する合理的配慮の内容

　発達障害に関する採用後の会社の合理的配慮の内容は、次のとおり
です（合理的配慮指針別表）。

＜発達障害に関する採用後の合理的配慮＞

（イ）　業務指導や相談に関し、担当者を定めること。

（ロ）　業務指示やスケジュールを明確にし、指示を一つずつ出す、
　　　作業手順について図等を活用したマニュアルを作成する等の
　　　対応を行うこと。

（ハ）　出退勤時刻・休暇・休憩に関し、通院・体調に配慮するこ
　　　と。

（ニ）　感覚過敏を緩和するため、サングラスの着用や耳栓の使用
　　　を認める等の対応を行うこと。

（ホ）　本人のプライバシーに配慮した上で、他の労働者に対し、
　　　障害の内容や必要な配慮等を説明すること。

---

③ 合理的配慮義務の内容が過重負担となる場合

　合理的配慮にかかる措置が、事業主に対して「過重な負担」となる
場合には、合理的配慮の提供は義務付けからはずれることになります
（障害者雇用促進法第36条の2ただし書）。ある措置が過重な負担に

当たるかどうかは、次の（イ）から（ヘ）の６つの要素を総合的に勘案しながら、個別の措置ごとに事業主が判断することになります（Q＆A4-4-1）。

（イ）　事業活動への影響の程度

　　　　当該措置を講ずることによる事業所における生産活動やサービス提供への影響その他の影響の程度をいいます。

（ロ）　実現困難度

　　　　事業所の立地状況や施設の所有形態等による当該措置を講ずるための機器や人材確保、設備の整備等の困難度をいいます。

（ハ）　費用・負担の程度

　　　　当該措置を講ずることによる費用・負担の程度をいいます。ただし、複数の障害者から合理的配慮に関する要望があった場合、それらの複数の障害者にかかる措置に要する費用・負担も勘案して判断することになります。

（ニ）　企業の規模

　　　　当該企業の規模に応じた負担の程度をいいます。

（ホ）　企業の財務状況

　　　　当該企業の財務状況に応じた負担の程度をいいます。

（ヘ）　公的支援の有無

　　　　当該措置に係る公的支援を利用できる場合は、その利用を前提とした上で判断することになります。

④　ケースの検討

　社員の提示してきた発達障害に関する合理的配慮の措置内容が会社にとって過重な負担となるかどうかは、③の要素を総合的に勘案しなければなりませんが、発達障害の場合は、合理的配慮の内容（②（イ）～（ホ））のすべてを社員が要求してきたとしても、③の過重負担と

なることは少ないものと考えられます。

Q 6

　発達障害者である社員についてできる限りの指導・教育も行ってきましたが就業上のトラブルは改善されず、当社ではこの社員の活用は難しいと考えています。また、最近周囲との軋轢（あつれき）もあり、本人から「配慮が足りない」と不満が出るようになりました。解雇も検討したほうがよいでしょうか？

① 合理的配慮の提供義務と解雇権濫用法理

　会社は発達障害の社員についてできる限り指導・教育を行ってきたとありますが、会社の「指導・教育」と障害者雇用促進法第36条の2による「会社の障害者に対する合理的配慮の提供義務」は異なります。

　したがって、会社がいくら労務管理上の指導・教育を尽くしても障害者雇用促進法に基づく合理的配慮の提供義務を尽くしていない場合には、「周囲との軋轢等の就業上のトラブルが改善されないこと」があったとしても、会社は発達障害者に対する解雇を検討することはできません。

　労働契約法第16条は、「解雇は、客観的に合理的な理由を欠き、社会通念上相当であると認められない場合、その権利を濫用したものとして無効とする」と規定しています。

労働契約法における解雇権濫用法理は発達障害者にも適用されます。その場合、会社が発達障害者に対する合理的配慮の提供義務を尽くしていない場合において会社が発達障害者を解雇することは、「客観的合理的理由を欠き社会通念上相当である」とは認められないものであり、その権利を濫用したものとして無効となるおそれがあります。

② 合理的配慮の提供義務を尽くしたといえるか？

　社員に対する合理的配慮の提供義務は、本章のQ5（202ページ）に掲げたとおりです（合理的配慮指針別表）。

　会社は、合理的配慮提供のために、職場において「支障となっている事情の有無」を確認し、その改善のために、障害者が希望する措置の内容を把握し、合理的配慮としてどのような措置を講ずるかについて当該障害者と話し合わなければなりません（合理的配慮指針第3の2（1）、（2））。

　また、会社は、障害者との話し合いを踏まえ、その意向を十分に尊重しつつ、合理的配慮として具体的にどのような措置を講ずるか検討（203ページ、Q5の②）し、会社にとって過重な負担となる場合を除き、具体的な措置を実施しなければならない（合理的配慮指針第3の2（3））とされています。

③ 解雇の可能性

　発達障害者に対して会社が上記のような合理的な配慮を行っていた場合において、なお就業上のトラブルや周囲との軋轢が発生しているのであれば、解雇が検討される場合もあります。

　しかし、会社が合理的配慮の提供義務を尽くしていたとしても、解雇を行うにあたっては、なお「解雇が、客観的に合理的理由があり、社会通念上相当であるか」について、別個に検討されなければなりません。会社が合理的配慮の提供義務を尽くした上で、就業上のトラブルの責任が当該発達障害者のみにあり、今後改善の余地がないと認められる場合は、会社の当該発達障害者に対する解雇が認められる場合もあるでしょう。

Q 7

　うつ病で休職中の社員から、「発達障害の診断を受け、精神保健福祉手帳の交付を受けた」と連絡がありました。業務内容から休職前の職場への復帰は難しいとして、簡単な事務業務への配置転換を求めています。会社としてその社員のすべての希望に応じなければならないでしょうか？

① 休職とは

　休職とは、社員について就労させることが不能または不適当な事由が生じた場合に、使用者がその社員に対し雇用関係を存続させつつ労務への従事を免除する措置です。休職は一般的には、就業規則の定めに基づいて使用者の一方的な意志表示（業務命令）に基づいて行われます。休職には多様なものがありますが、このケースのように業務外の傷病による長期欠勤が一定期間に及んだ場合に行われる場合を傷病休職といいます。

　傷病休職の場合、この期間中に傷病から回復し就労が可能となれば休職は終了し、復職となります。これに対し、傷病が回復せず期間満了となれば、自動退職または解雇となります。傷病休職の目的は解雇猶予にあるといえます。

② 休職期間満了時における「治癒」の判断

　休職期間満了時において、治癒し休職事由が消滅した場合には、休職以前の職場に復帰することができますが、休職期間中に発達障害の診断を受け障害者保健福祉手帳の交付を受けた社員について、休職期間満了時点において治癒がなかったものとして、自動退職または解雇とするのは、障害者雇用促進法第35条に違反しないでしょうか。

　復職要件の「治癒」について、かつての裁判例では「従前の職務を

第5章　採用・労務管理における悩ましいケースへの対応　207

通常の程度に行える健康状態に服した時をいう」とされていました（平仙レース事件・浦和地判 昭40.12.16）が、現在の裁判例では、「傷病休職期間満了時において、従前の業務に復帰できる状態ではないが、より軽易な業務に就くことができ、そのような業務での復職を希望する者に対しては、使用者は現実に配置可能な業務の有無を検討する義務がある（JR東海事件・大阪地判 平11.10.4）」とされ、休職期間満了者に対して、そのような検討によって軽減業務を提供せずに行った解雇は、解雇権濫用として無効と判断されています（キヤノンソフト情報システム事件・大阪地判 平20.1.25）。

③ 治癒の判断にあたって発達障害者であることは考慮されるか

　事業主は、賃金の決定、教育訓練の実施、福利厚生施設の利用、その他の待遇について、社員が障害者であることを理由として、障害者でない者と不当な差別的取扱いをしてはならない（障害者雇用促進法第35条）とされています。復職要件の「治癒」の判断は、賃金等と同じく「労働条件その他の待遇」にあたります。

　したがって、休職期間満了時の治癒の判断にあたって障害者と障害者でない者と差別的な取扱いをすることは障害者雇用促進法に違反するものと解されます。それ故に、休職期間満了時に社員が休職前の業務内容への復帰は難しくても簡単な事務業務について復帰が可能であるならば、「治癒」と判断し休職事由は消滅したと考えるべきでしょう。

④ ケースの検討

　このケースでも、会社は合理的配慮の提供義務を負います。この場合、合理的配慮の内容については障害者である社員の意向は十分に尊重されなければならず（障害者雇用促進法第36条の3、同法第36条の4第1項）、会社が具体的な合理的配慮の内容を決定するにあたっ

ては、当該社員と話し合って決める必要があります。その際、社員が希望する簡単な事務業務への配置転換は、合理的配慮の内容としては適当です。

⑤ 合理的配慮が会社の負担となる場合

　会社としては、発達障害者の希望する合理的配慮の内容が、会社にとって過重な負担となる場合、例えば中小零細企業において、発達障害者のために軽易な事務業務の部署の設置が難しい場合などは合理的配慮の義務は負わないと考えられます（障害者雇用促進法第36条の2但書）。

Q8

　勤続年数は長いのですが、何をやらせてもできない社員がいます。前回異動した職場になじめず落ち込んでいる様子であったため、産業医面談を行いました。その結果、発達障害の可能性があるかもしれないということでしたので、専門医を受診させたところ、発達障害と診断されました。本人は、発達障害の診断結果を理由に定型業務を希望しています。

　発達障害であることを職場で開示して障害に対する配慮を行うと告げたところ、障害の開示は絶対に嫌だと言っています。業務内容の変更やその他の特別な対応を行うためには、障害を開示しなければ周囲の理解を得ることはできません。障害を開示せずに配慮だけ提供しなければならないでしょうか？

① 産業医の面談・専門医の受診の適法性

　会社の社員に対する合理的配慮義務については、必要な注意を払ってもその雇用する社員が障害者であることを知りえなかった場合には、

会社は合理的配慮の提供義務違反の責任は問われないとしています（Q&A1-5-2）。

「勤続年数が長いが仕事ができず、異動により職場になじめず落ち込んでいる社員」に対して、会社が発達障害であることの情報を得るために産業医の面談および専門医を受診させることは、社員のプライバシー権を侵害するものとして違法行為となる可能性があります（民法第709条、第710条）。

労働安全衛生法第66条の8は、「事業者は、その労働時間の状況その他の事項が労働者の健康保持を考慮して厚生労働省令で定める要件に該当する労働者に医師による面接指導を行わなければならない」としています。この場合の面接指導は、「休憩時間を除き1週間当たり40時間の労働時間を超えて労働させた場合におけるその超えた時間が1月当たり100時間を超え、かつ、疲労の蓄積が認められる者（労働安全衛生規則第52条の2）」にあたる場合とされています。

したがって、会社は、労働安全衛生法の規定を根拠として社員が発達障害者であることを確かめるために産業医の面談を行い、専門医を受診させることはできません。「事業主が必要な注意を払ってもその雇用する社員が障害者であることを知りえなかった」ともいえません（合理的配慮指針第2の2）。

したがって、会社が社員の同意なしに産業等の面談・専門医の受診をさせて発達障害者の情報を得ることは、社員のプライバシー権の侵害となり違法となるものと思われます（民法第709条、第710条）。

② 情報取得が違法であった場合の合理的配慮の提供義務

社員が雇入れ時に障害者でなかった場合において、その後、会社が「社員が障害者となったことを把握した」ときは、以下の合理的配慮の提供義務を負うこととされています（合理的配慮指針第3の2）。

（イ）　事業主の職場において支障となっている事情の有無等の確認

（ロ）　合理的配慮に係る措置の内容に関する話合い

（ハ）　障害者との話合いを踏まえ、その意向を十分に尊重した、具体的措置の検討

　　会社自らが社員のプライバシーを侵したことを理由に、発達障害であるとわかった当該社員に対する合理的配慮の提供義務を負わないとするのは、道理・常識に反します。したがって、その場合であっても、会社は当該発達障害者に対して合理的配慮の提供義務を負わなければなりません（障害者雇用促進法第36条の2～第36条の3）。

③ 会社の合理的配慮義務と社員のプライバシー権

　　会社の合理的配慮提供において社員が発達障害であることを職場で開示しなければ、周囲の理解も得られず、合理的配慮提供の効果を上げるのは実際上難しいでしょう。

　　合理的配慮指針別表（203ページ、Q5の②ホ）でも、本人のプライバシーを尊重した上で、他の社員に対して発達障害者の障害の内容や配慮等について説明することとされています。

　　障害を開示することを本人が絶対に嫌だといっているのであれば、会社はその意思は尊重しなければなりません。労務管理上の問題よりも本人のプライバシーが人権として尊重されるからです。会社としては、開示によるメリットを添えながら（あるいは非開示によるデメリットを添えながら）社員に対して発達障害者であることの開示を説得できなければ、結論として「障害を開示せずに配慮だけ提供」しなければならないことになります。

第5章　採用・労務管理における悩ましいケースへの対応　　211

第6章

就業している人の相談窓口

就業している人の相談窓口

　発達障害者支援法の施行から10年あまりが経ち、発達障害が認知されるようになり、障害者手帳の取得の有無にかかわらず、さまざまな福祉サービスが受けられるようになってきました。障害のある人の支援機関はかなり増えてきましたが、就業中の人で、まだ診断が確定していない場合は相談できる窓口は決して多くはありません（図表22）。

　メンタル疾患等で休職してしまった場合、職場に復帰するためにはフルタイム勤務がこなせる体力を取り戻す以外に、ストレス等をコントロールする力などを養うのがよいとされています。そのためにも、まず生活のリズムを整えるために、精神科デイケアに通い、通勤訓練、職能回復訓練、再発予防のための知識を得るところからスタートする人もいます。

　そして、さらにメンタル疾患により休職した人が利用するサービスは復職支援が一般的ですが、復職支援と同様に就労移行支援を利用する人もいます。

　本章では、これらについて紹介します。

＜復職についての主な相談機関＞

```
・復職支援をしている病院や事業所
・市町村役場などの窓口
・地域障害者職業センター
・精神保健福祉センター
・発達障害者支援センター
```

■ 図表22　就業中の障害のある人の支援機関

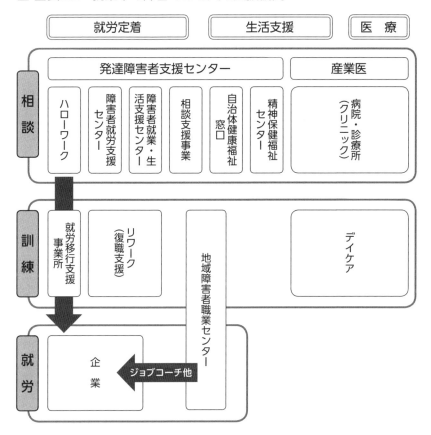

1 精神科デイケア

　主に精神科や心療内科を持つ医療機関が実施している医療サービスで、さまざまなプログラムをとおして参加者同士の交流を図りながら、生活のリズムを整え、リハビリテーションを行う場です。デイケアにはさまざまなタイプのものがあり、日中6時間程度のものから、3時間程度のショートケア、16時以降のナイトケア、10時間という長時間のデイ・ナイトケアまで用意されています。就労するためには日常

生活を規則正しく送れることが絶対に必要です。そこで、まず生活リズムを整えるために精神科デイケアが一役買います。デイケアを利用してから、復職支援を利用する人もいます。

2 復職支援

　発達障害のある人が二次障害の治療のために休職した場合、治療を継続しながら、自分一人で職場復帰の準備をするのはとても大変なことです。うつ病などの精神疾患により休職している人が職場復帰のために福祉サービスとして利用できるリワーク支援（復職支援）機関があります。これらの復職支援機関を利用する人の多くはうつ病、双極性障害、適応障害、不安障害等と診断されていますが、そのバックグラウンドとして発達障害のある人は少なくないと思われます。

　休職して体調が安定してくると、「いつまでも職場に迷惑をかけられない。一日も早く復職しなければ」と焦る人は少なくありません。体調と生活リズムが安定しても、日常生活を送れるレベルと就労するレベルとでは雲泥の差があります。実際の職場に近い環境でストレスへの対処方法を習得し、再発しないようスキルと自信を付けて、復職することが大事です。

　リワーク支援では集団の中で他の人と関わっていくことでコミュニケーションスキルを身に着けていくのですが、発達障害のある人の中にはこの集団での活動になじめない人もいます。利用するにあたっては本人の状況や特性に合った施設を選ぶようにします。復職支援機関は医療機関が運営するもの、行政機関が運営するもの、株式会社やNPO法人が運営するものがありますが、医療機関の中には大人の発達障害の専門外来を設けているところもありますので、発達障害の特

性をより理解する支援機関も多くなってきています。

③ 就労移行支援事業所

　65歳未満の障害のある人を対象に、就労に必要な訓練や就職活動の支援、職場定着を行う事業所で、行政から認可された各種団体・法人が運営しています。就労移行支援事業所の中には発達障害のある人を専門とする事業所も増えてきています。

　二次障害の状況にもよりますが、就労経験が短い人の場合は、自己理解、ストレスへの対処方法を知ること以外に、職場で必要なコミュニケーションを理解し、習得することが重要です。復職のためのプロセスとしてリワーク支援施設を利用するのが一般的ですが、リワーク支援施設ではなく、この就労移行支援事業所を利用し、報告・連絡・相談などの、働くために必要なコミュニケーションスキルなどを学ぶ人もいます。

　就労移行支援事業所は、どこの事業所も見学、体験することができます。自分の状況や特性にあった事業所を見付けるのがよいでしょう。

④ 発達障害者支援センター

　都道府県・指定都市に設置され、発達障害を専門として相談に応じる総合的な支援機関です。当事者や家族からだけではなく、教育機関、支援機関、企業からの問合せにも対応しています。福祉から医療、教育、就労など広範囲の機関とつながっています。医療機関ではありませんので、同センターでは発達障害の正確な診断・判定はできませんが、状況やニーズに合わせて該当の機関を紹介してもらえます。

　医療機関において診断を受けた後、就労や生活面においてどのよう

に対処していけばよいか、どの支援機関を利用すればよいかとの問合せには同センターを利用するのが一般的です。

5 障害者職業センター

独立行政法人高齢・障害・求職者雇用支援機構が運営し、各都道府県に設置されている就職準備・定着、復職を支援する専門機関です。

利用者への支援は職業準備支援として、職業カウンセラーによるヒアリングや各種検査（ペーパーテスト、作業検査）を行い、その後、職業評価の説明が行われ、職業準備支援カリキュラム計画（就職活動準備講習や作業・対人技能トレーニング等）の提案があります。この同センターで実施されるカリキュラムには発達障害者就労支援カリキュラムも含まれており、主として職場での対人技能の向上を目指して、場面別のコミュニケーション練習や、困ったときに役立つ問題解決技能を学ぶことができます。本来は長期間にわたるカリキュラムですが、就業中の人が必要なカリキュラムを選択して受けることもできます。

雇用継続に向けた支援としては、職場定着支援（職場適応指導）があり、就業中の発達障害のある社員が担当する作業のスケジュールの組み方から作業までマンツーマンで指導し、作業への理解を進め、一人で作業がこなせるようサポートを行います。業務の習得に時間がかかる人の場合は、職場適応援助者（ジョブコーチ）の支援が有効であり、本人が職場に定着していくための支援を行います。

6 定着支援（採用後のフォローアップ）

業務遂行能力に問題はなくとも人間関係に苦手さのある発達障害のある人に対しては、職場を定期的に訪問し、本人の不安や疑問を聞き

取り、適応状況などを把握し、助言を行います。その社員の特性に応じ、他の社員との関係作りなどをフォローし、職場に定着できるまで支援を行います。この相談支援は、当初の障害者職業センターでの対応から、目安として半年程度経過後は、地元の就労支援センター等に引き継がれていくことになります。

7 外部支援の活用

近年、発達障害者を雇用する企業が増えていますが、雇用するにあたっては、本人が利用している就労支援機関と担当者名を尋ねるのが一般的です。長らく一般就労をしていて、支援を受けた経験のない人に対しても、障害者雇用枠での採用となると、「健康状態などの不調への対応に備え連絡を密にしたい」という理由で、「どこかの支援機関に登録し、担当者を決めておいていただきたい」と支援者の選任を推奨することが多いようです。

その場合、在住地域の発達障害者支援センター、障害者職業センター、障害者就労支援センター等に登録し、前項の定着支援を依頼しておくことになります。一般的には、入社後、目安として半年程度、月に1回、支援者に職場を訪問してもらい、何か困り事や不安なことはないか、話を聞いてもらっているというケースが多いと思います。特に仕事上の問題はなくとも、職場では話しにくいことを支援者に聞いてもらうことで、気持ちが落ち着くようです。職場でのコミュニケーションに苦手さのある発達障害者の場合は、職場とのやりとりに支援者に同席してもらうほか、要望等を代わりに伝えてもらうこともあります。交渉事や調整が不得手な発達障害者にとっては支援者の存在は重要です。

入社の際に支援機関に登録しただけで、以後、支援者に一度もお世

話になることがない人もいますが、入社してかなり経ってから、職場でのコミュニケーション上の行き違いから、本人が感情的になってしまい、トラブルが発生するということもあるかもしれません。

　そのようなとき、急に支援を依頼したくとも、登録のための予約にも時間がかかります。会社と本人の双方にとっても、転ばぬ先の杖となります。発達障害者の雇用経験のない職場では、トラブル発生時の対応には余計な神経を使うことになりますので、今後、障害者雇用を幅広く展開し、長く継続していくためにも外部支援の活用を検討されるとよいでしょう。

著者略歴

石井京子（第2章、第3章、第4章、第6章）

　一般社団法人日本雇用環境整備機構 理事長。上智大学外国語学部卒業。通信会社を経て、障害のある方の人材紹介事業に創設期より参加。障害者雇用に関するコンサルティングサービスを数多くの企業に提供。（株）Ａ・ヒューマンで発達障害のある方のキャリア相談に対応。障害のある方の就労に関する講演や執筆にも積極的に取り組む。著書：「発達障害の人の就活ノート」、「発達障害の人の面接・採用マニュアル」（いずれも弘文堂）等多数。

池嶋貫二（第4章、コラム）

　セットパワード・アソシエイツ 代表、一般社団法人日本雇用環境整備機構 理事。近畿大学理工学部数学物理学科卒業。SIer企業を経て、特例子会社・人材サービス企業にて障害者の人材紹介、人事採用、事業部マネジメントに従事。2009年より企業向け障害者採用支援サービスを開始（神戸市）。2012、2013年に兵庫県障害者雇用促進アドバイザー（障害者しごと体験事業）を務め、現在は雇用環境整備や障害・がん疾病啓発活動の講師を担う。

林哲也（第1章）

　さいとうクリニック（精神科）医師、合同会社ライムライト 代表。信州大学医学部卒業。さいとうクリニックでの精神科外来診療のほか、自身が代表を務める合同会社ライムライトでは、ヒューマン・コンサルティングサービス（企業のメンタルヘルス相談、大人の発達障害相談、グリーフカウンセリング、医療通訳・翻訳等）を提供している。複数企業の産業医・顧問医、日本薬科大学客員教授も兼任。

大滝岳光（第5章）

　大滝・馬場人事労務研究所 所長（特定社会保険労務士）。早稲田大学法学部卒業。社労士受験団体講師。大滝人事労務研究所開設（現大滝・馬場人事労務研究所）。神奈川県立産業技術短期大学校非常勤講師（現）。日本人材派遣協会労働者派遣事業アドバイザー（現）。各種団体による法定派遣元責任者講習講師（現）。派遣会社及び派遣受入会社顧問（現）。

馬場実智代（第5章）

　大滝・馬場人事労務研究所 取締役（特定社会保険労務士）。大手電機メーカー研究所勤務後、ベンチャー企業勤務、社長秘書兼総務の業務を経て2005年社会保険労務士資格取得、大学人事部勤務中に、GCDFキャリアカウンセラー、メンタルヘルスマネジメント検定Ⅰ種合格、産業カウンセラー等の資格を取得。2012年現職に就任。企業の給与計算、社会保険の手続き等業務及び育児者雇用等研修講師を務める。

発達障害のある方と働くための教科書　　平成30年3月15日　初版発行

〒101-0032
東京都千代田区岩本町1丁目2番19号
http://www.horei.co.jp/

検印省略

|著　者|石池林大馬|井嶋滝場実|京貫哲岳智健春印|子二也光代次光刷代社|
||||||

発行者　青木健太
編集者　岩倉春香
印刷所　神谷印刷
製本所　国宝社

（営　業）　TEL　03-6858-6967　　Eメール　syuppan@horei.co.jp
（通　販）　TEL　03-6858-6966　　Eメール　book.order@horei.co.jp
（編　集）　FAX　03-6858-6957　　Eメール　tankoubon@horei.co.jp

（バーチャルショップ）　http://www.horei.co.jp/shop
（お詫びと訂正）　http://www.horei.co.jp/book/owabi.shtml

※万一、本書の内容に誤記等が判明した場合には、上記「お詫びと訂正」に最新情報を掲載しております。ホームページに掲載されていない内容につきましては、FAXまたはEメールで編集までお問合せください。

・乱丁、落丁本は直接弊社出版部へお送りくださればお取替えいたします。
・JCOPY〈出版者著作権管理機構 委託出版物〉
本書の無断複製は著作権法上での例外を除き禁じられています。複製される場合は、そのつど事前に、出版者著作権管理機構（電話03-3513-6969、FAX 03-3513-6979、e-mail: info@jcopy.or.jp）の許諾を得てください。また、本書を代行業者等の第三者に依頼してスキャンやデジタル化することは、たとえ個人や家庭内での利用であっても一切認められておりません。

Ⓒ K.Ishii, et al. 2018. Printed in JAPAN
ISBN 978-4-539-72590-0